AUGSBURG KOCHT

Portraits | Interviews | Rezepte

AUGSBURG KOCHT

Portraits | Interviews | Rezepte

Edition contact in Augsburg e.V.

Roswitha Kugelmann | Ann-Kathrin Glania-Bunea

Für Silvio

Ich freue mich über die Einladung, ein Vorwort für ein weiteres wunderbares Vernetzungsbuch zu verfassen.

Augsburg: Was für eine tolle Stadt!
Viele schauen nach Berlin. Dabei gibt es in all unseren Städten so viele inspirierende Menschen und Projekte, dass sie kaum in ein Buchformat passen. Sie zusammenzubringen, die Leisen und die Lauten, und sie anhand von Interviews zufällig vom Leser, der meint, ein Kochbuch in den Händen zu halten, entdecken zu lassen – das ist die Idee dieses Buches. »Augsburg kocht« macht diese Initiativen in Augsburg jetzt sichtbar – genau das war der Plan, als mir die Idee zu dem Vorläufer »Kreuzberg kocht« kam. Es sollte ein Format werden, das eine gute Vorlage für Folge-projekte geben kann, ein Format das inspiriert, vernetzt, Menschen zusammenbringt, Ideen teilt. Und ich freue mich so sehr, dass diese Idee jetzt wieder weiter umgesetzt wird. Danke auch für die wunderbare und inspirierende Gastfreundschaft von Roswitha, die immer wieder den Mut hat, Luftschlösser auf den Weg zu bringen. Eines davon liegt gerade in deinen Händen.

Ana Lichtwer, Berlin
im September 2016

Als ich das erste Mal Ana's Buch »Kreuzberg kocht« in den Händen hatte, dachte ich: Okay, ein Kochbuch. Weil ich auf Bücher einfach grundsätzlich neugierig bin, fing ich an, es durchzublättern. Plötzlich war ich elektrisiert: Das ist ja nur auf den ersten Blick ein Kochbuch, das ist ja viel mehr! Es stellt eigentlich Initiativen vor – die dann ein Rezept beigesteuert haben. Es gibt ihnen eine Plattform, die sie so noch nie hatten. »Ana, lass uns das für Augsburg machen«, war meine ganz spontane Reaktion. Sie war sofort dabei, bot uns sogar an, uns dabei zu helfen. Dann kam bei ihr die berufliche Veränderung. Der zweite Anlauf scheiterte an der zu schnell fortschreitenden Erkrankung von Silvio, der die Koordination übernommen hatte. Es war Eda, unsere Foodfotografin, die Ann-Kathrin und mich im Frühjahr 2016 dazu brachte, das Buch »Augsburg kocht« endlich zu verwirklichen.

Zum Glück waren wir naiv genug, um nicht zu wissen, was da auf uns zukommen sollte. Hunderte von Stunden für die Interviews und die Schreibarbeit danach, hunderte E-Mails, hunderte von Absprachen, schlaflose Nächte, fehlende Rezepte – und im Gegenzug dazu fantastische Kontakte, bewegende Gespräche, ein Zuwachs an Vernetzung, Spaß beim gemeinsa-men Kochen, viele neue Freundschaften. So entstand ein Hochgefühl, das uns durch diese sehr strapaziöse Zeit getragen hat und noch ganz lang tragen wird. Allen, die mit der Entstehung des Buches zu tun hatten, haben die zurückliegenden Monate unendlich viel Kraft gekostet, aber wir sind uns einig, dass wir ein Vielfaches davon zurückbekommen haben.

In dir muss brennen, was du in anderen entzünden willst – das spüren alle bei uns im Sozialkaufhaus schon lange, das haben wir aber auch bei denen gefunden, die wir besucht haben. Von der ganz kleinen Initiative, z.B. die Rumänienhilfe bis zum großen Sozialunternehmen wie »manomama«: Wir sprachen mit den Machern, mit denen, die in der Lage sind, etwas auf die Beine zu stellen, andere mitzureißen. Ihnen ist genauso klar wie mir: Sie sind nur der Motor, der antreibt. Wir spüren die Kraft, die sich entwickelt, wenn sich Gruppen finden, loslegen – aber auch über lange Zeit durchhalten.

So konnten wir von »contact in Augsburg e.V.«, als Herausgeber die Mitarbeiter und Kunden schon längst anstecken und neugierig auf das Buch machen, weil wir von jedem Interview mit leuchtenden Augen und sprühend vor Begeisterung zurückgekommen sind, anstatt geschafft.

Uns war von vornherein klar, dass Augsburg noch viel mehr zu bieten hat, aber das Buch hat Platz für 50 Initiativen und deshalb mussten wir uns auf die beschränken, die schon länger mit uns in Verbindung stehen. Und obwohl wir die Gruppen deshalb schon kannten, liefen die Treffen doch immer gleich ab: Wenn wir endlich einen Termin für das Interview gefunden hatten, trafen wir vor Ort auf Leute, die uns genauso vorsichtig anschauten, wie wir sie, weil sie erst herausfinden mussten, was wir von ihnen wollten und wir erst mal herausfinden mussten, wie wir Zugang zu ihnen finden. Die von uns vorbereiteten Fragen brachten dann jedes Mal unsere Interviewpartner in kurzer Zeit dazu, sich zu öffnen, mit uns zu lachen und gemeinsam über vieles nachzudenken. Als wir feststellten, dass wir alle nicht für uns arbeiten, sondern um in der Stadt etwas voran zu bringen, als ihnen klar wurde, das das Buch auch noch mal dazu beiträgt, zu zeigen, was sie da eigentlich für tolle Arbeit leisten, hatten wir schnell den gemeinsamen Nenner gefunden. Ab dem Moment war die Stimmung nur noch super. So entstanden viele neue enge Freundschaften, die zu einer dauerhaften Verbesserung der Vernetzung führen, wie sie schneller und besser nicht realisiert werden kann.

Beim Schreiben der Interviews wurde Ann-Kathrin und mir dann noch einmal klar, was für umwerfende Aussagen uns mit auf den Weg gegeben worden waren. Wir hoffen, dass es uns gelungen ist, die Initiativen mit diesem Buch in einen würdigen Rahmen zu stellen und euch Lesern damit ein vielfältiges und buntes Bild von Augsburg zu zeigen.

»Augsburg kocht« wird euch beweisen: Es tut sich ganz schön was in der Stadt, vor allem, wenn man selbst dafür sorgt. So kann jeder von uns den Wandel einfordern, den er sich für die Zukunft wünscht. Und keiner steht allein da! Für uns war es eine riesige Herausforderung und überaus positive Erfahrung. Wir bedanken uns bei allen, die dazu beigetragen haben.

Jetzt seid ihr dran! Lasst euch von unserer Begeisterung anstecken. Packt das Buch in eine unserer Upcycling-Krawattentaschen und schenkt es euch selbst, euren Freunden und Verwandten – ein nachhaltigeres Geschenk werdet ihr nicht finden!

Roswitha Kugelmann, Augsburg
im Oktober 2016

INHALT

Nachspeisen

Abkürzungen der Mengenangaben

kg Kilogramm
g   Gramm
l   Liter
ml Milliliter
cl   Zentiliter
EL Esslöffel
TL Teelöffel

VORSPEISEN, SALATE & SUPPEN

BALLONFABRIK

AWAKA e.V.

Der gemeinnützige Verein betreibt in der Ballonfabrik Augsburg ein selbstverwaltetes Kulturzentrum. Es dient als Ort für Veranstaltungen: von Konzerten über Kleinkunst und Lesungen bis hin zum Theater. Eingeladen werden Künstler und Nachwuchsbands.

Roswitha:
Ihr seid ein Kulturverein und es wird bei euch auch immer wieder gekocht.

Gerd:
Wir kochen am Wochenende für die Bands, die bei uns zu Gast sind. Aber das ist meist eine Art von Essen, das ohne allzu viel Schnickschnack in einem großen Topf zubereitet werden kann. Wenn die Bands nach dem Auftritt bei uns übernachten, bieten wir auch ein gemeinsames Frühstück an in einer lockeren familiären Atmosphäre, die sehr geschätzt wird. Manchmal wird montags aufwändiger gekocht, wenn sich der Stammtisch trifft – oft ist es aber auch Resteverwertung.

Roswitha:
Wie entstand die Idee?

Gerd:
Da der damalige Provinoclub zu der Zeit nicht aktiv war, gab es in Augsburg keinen Ort für alternative Kultur im kleineren Rahmen. Die Ballonfabrik hatte in ihrer ursprünglichen Funktion kurz vorher dichtgemacht – dann trat der Besitzer an uns heran, da man auf verschiedenen Demos und Kundgebungen auf uns aufmerksam geworden war. Statt selbst das komplette Gebäude zu mieten, haben wir aber dem Kulturpark West den Vorrang gegeben, da bei denen das entsprechende Kapital und Know-how vorhanden war.

Roswitha:
Was ist das Besondere an der Ballonfabrik?

Gerd:
Jetzt gibt's den Raum! Die Künstler fühlen sich

wohl, denn es ist sehr familiär, es gibt keine Absperrungen, jeder kann sich mit den Bandmitgliedern unterhalten. Deshalb auch das Feedback von den Auftretenden: Man merkt, dass es alle gern tun! Man steckt sein Herzblut da rein, wo man selber Spaß hat. Es waren schon Bands da aus Kanada, USA, Russland, Italien, tourende Bands machen hier Station. Wir bekommen täglich unzählige Anfragen, auch für Ausstellungen, Lesungen und noch viel mehr.

Roswitha:
Wie seid ihr organisiert?
Gerd:
Jeder hat Mitspracherecht, alle Arbeit wird ehrenamtlich geleistet, wir sind ca. 20 Aktive und 20, die ab und zu mal kommen. Wenn Veranstaltungen anstehen, packen alle mit an.

Roswitha:
Passt euer Konzept besonders in die heutige Zeit?
Gerd:
Unser Philosophiestudent und unser Soziologe sind heute leider nicht da für die passende Antwort (lacht). Aber ich meine: So was sollte es immer geben!

Rene:
Heute ist überall sonst alles Kommerz und Konsum. Wir sind da anders. Ein Dankeschön ist für uns mehr wert als Geld.

Roswitha:
Was motiviert euch, Zeit zu investieren?
Gerd:
Es ist Klasse, dass man das kulturelle Angebot mitgestalten kann. Persönlich habe ich mich weiterentwickelt, z.B. darin, auf Menschen zuzugehen, Dinge anzupacken, Größeres auf die Beine zu stellen.
Markus:
… das ist gerade das, was mir taugt, wo ich mich wohlfühle.
Andi:
Gemeinsam etwas gestalten, Bands kennenlernen, man lernt selbst viel, was Organisation betrifft.
Rene:
Es ist Hobby, es macht Spass, in Gemeinschaft zu arbeiten und zu sehen, dass es richtig ist – ohne den Hintergedanken, Geld verdienen zu müssen..

Roswitha:
Was ist euch wichtig?

Gerd:

Geld für eine neue Anlage! (lacht). Wir haben das mit einer Crowdfundingaktion geschafft. Obwohl wir unkommerziell arbeiten, stehen manchmal größere Investitionen an. Durch das Buchen bekannterer Künstler versuchen wir auch immer ein bisschen, unseren Namen in der Stadt und darüber hinaus bekannt zu machen.

Rene:

Was die Musikrichtungen angeht, sind wir für alles offen, es darf nur nicht rassistisch oder sexistisch sein.

Gerd:

… dass sich ja keiner auf die Bühne stellt und brüllt: Frauen an den Herd! (lacht) Bei uns soll es allen Menschen möglich sein, eine angenehme Zeit zu haben. Deshalb gucken wir in Bezug auf Diskriminierung etwas genauer hin.

Roswitha:

Habt ihr auch schwierige Zeiten gehabt?

Rene:

Die Anfangszeiten waren schwer. Geld war knapp, wir lebten von der Hand in den Mund, aber es hat immer irgendwie funktioniert.

Gerd:

Finanzielle Rückschläge gab es immer: GEMA-Nachzahlung, Finanzamt, Brandschutzaufla-gen – das zog Ratenzahlungen und Mieterhö-hungen nach sich.

Rene:

Ein sicheres Polster haben wir nie. Aber wir versuchen, Eintritt und Getränke so günstig wie möglich zu halten, damit jeder kommen und einen schönen Abend verbringen kann.

Roswitha:

Was macht besonders Freude, welche Projekte konntet ihr unterstützen?

Andi:

Wir hatten ein paar coole Konzerte, 2016 auch eine Handvoll größerer Bands. Schön ist es, wenn wir ausverkauft sind. Unterstützt oder vielmehr zusammengearbeitet haben wir z.B. mit Razed e.V., dem Kooperationsprojekt »burning ramp Fest « – jedes Jahr wieder ein Highlight!–, Unser Haus e.V., »Die Bunten e.V.«, dem Grandhotel – Künstler schlafen oft auch dort. Am meisten unterstützt haben wir den Getränkehändler nebenan! (lacht)

Ballonfabrik | AWAKA e.V.
Selbstverwaltetes Kulturzentrum
Austraße 27 | 86153 Augsburg
www.ballonfabrik.org | info@ballonfabrik.org

SOPA DE MANI
Bolivianische Erdnusssuppe

Sopa de mani

1 große Zwiebel

1 Knoblauchzehe

2 Karotten

1 Paprikaschote

½ Tasse Erbsen

½ Tasse in Würfel geschnittene Tomaten

1 Dose geröstete Erdnüsse

1 l Gemüsebrühe

5 Kartoffeln

Speiseöl

Salz, Pfeffer, Aji, Koriander

1. Zwiebel, Knoblauchzehe und Karotten fein raspeln und in einem Topf mit etwas Öl anbraten.

2. Die Tomatenwürfel und ordentlich Aji dazugeben.

3. Die Erdnüsse pulverfein mahlen und ebenfalls in den Topf geben. Mit der heißen Gemüsebrühe aufgießen.

4. Die Erbsen und zwei oder drei gewürfelte Kartoffeln hinzufügen und alles kochen, bis die Kartoffeln gar sind. Derweil kann man aus den übrigen Kartoffeln Pommes Frites machen: einfach in Streifen schneiden und in heißem Öl frittieren. Auf einem Küchenpapier zwischenlagern um überschüssiges Fett aufzusaugen.

5. Die Suppe mit Salz und Pfeffer abschmecken und die Pommes über den Teller Suppe streuen.

6. Mit Koriander garnieren.

Traditionell wird die Suppe mit der scharfen Soße Llajwa verfeinert.

Llajwa

1 große Tomate

1 Chili

2–3 Korianderstängel

etwas Öl, Salz

1. Tomate fein reiben, sodass eine leicht schaumige Tomatenflüssigkeit entsteht.

2. Mit Chili, Salz und einem Teelöffel Öl vermischen, gehackte Korianderblätter unterrühren.

BIOTAXI
Augsburg

Die Liebe zu Augsburg und zum Fahrrad lässt Christoph Miessl mit den Biotaxis einen umweltfreundlichen Autoersatz anbieten. Ob Stadtrundfahrt, Fahrten zu besonderen Gelegenheiten, Shuttleservice oder Eisfahrrad: Er und seine Fahrer machen es möglich.

Roswitha:

Christoph, du nennst dich einen waschechten Augsburger. Warum betonst du das?

Christoph:

Weil es mit dem zusammenhängt, was ich am liebsten tue: Fahrrad fahren, auf meine Fahrgäste eingehen und dabei viel über die Stadt erzählen, die mir so ans Herz gewachsen ist – und das alles gleichzeitig! Und wenn jemand nach Augsburg zieht, dann fühle ich mich persönlich geehrt!

Roswitha:

Wie bist du zu den Bio-Taxis gekommen?

Christoph:

Bernd Beigl hatte keine Zeit mehr für seine Rikschas, wollte sie abgeben. Ein Freund wusste, dass ich Interesse daran haben würde. Ich konnte die Rikschas nach kurzer Zeit übernehmen – und hatte bald so viel Spaß an der Sache, dass ich meinen damaligen Job dafür aufgab. Ich bin nicht geeignet für die Industrie – ich bin ein Freigeist!

Roswitha:

Das heißt, du kannst davon leben?

Christoph:

Nein, ich mache mehrere verschiedene Sachen – in einem Fahrradladen, bei der VHS, beim BBZ, alles tue ich gern. Ich würde es nie machen, wenn es mir keinen Spass machen würde. Reich wird man davon nicht. Aber die meisten haben Angst vor so einer großen Veränderung, weil ihre Ansprüche zu hoch sind. Ich brauche viel Abwechslung und habe noch mehr Vorteile dabei entdeckt: Ich koche auch leidenschaftlich gern. Mit meinem neuen Bewusstsein für Zeit sind mir beim Kochen die Zubereitung und die Qualität der Zutaten immer wichtiger geworden. Spüren, was man isst, einen Bezug dazu aufbauen.

Roswitha:
Was hat dir das persönlich noch gebracht?
Christoph:
Ich habe mich extrem weiterentwickelt, ich kann fast alles selbst reparieren, ich bin gut in Organisation, mache die Buchhaltung selbst. Nicht jammern – wenn etwas fehlt, mach ich es einfach!

Roswitha:
Was hast du gebraucht von der Idee zur Umsetzung?
Christoph:
Wille! Material! Glück! Motivation, Kontinuität, kein Aktionismus. Es ist nichts, um schnelles Geld zu machen. Ich genieße den Luxus, den Umfang meiner Tätigkeiten selbst bestimmen zu können.

Roswitha:
Dir ist deine Tätigkeit für die Stadt Augsburg wichtig. Warum?
Christoph:
Jede Stadt braucht Rikschas. Sie sind ein Angebot zur Mobilitätskette. Die Stadt wird damit bunter. Mir ist es immer wichtig, mit den Biotaxis dabei zu sein, wenn in der Stadt etwas los ist: bei allen möglichen Demos, beim »Equal Pay Day«, bei der Radlnacht, Critical Mass usw. Man kann ohne Geld Vorbild sein. Es reicht der Wille, etwas zu tun.

Roswitha:
Was wünschst du dir für die Zukunft?
Christoph:
Dass die Autos aus der Innenstadt verschwinden. Die Stadt soll sich für die Menschen verändern, nicht für die Industrie. Positiv ist ja schon der neue Königsplatz. Fahrradmäßig muss aber noch viel mehr geschehen. Andere Städte sind da viel weiter.

Bio-Taxi Augsburg | Christoph Miessl
Greiffstr. 4 | 86150 Augsburg
www.bio-taxi-augsburg.de
info@biotaxi-augsburg.de

KARTOFFEL-BOHNEN-SALAT

Rikscha-Spezial

für 4 Personen

700 g Bio-Kartoffeln
500 g Bohnen (frisch oder tiefgekühlt)

Dressing

80 ml bestes Olivenöl
1–2 frische Chilischoten
2–3 Knoblauchzehen (zerdrückt)
2 EL guter Balsamico Essig
1 TL Kreuzkümmel
1 TL Schwarzkümmel
1 Bund frische Minze
Salz, Pfeffer

1. Die Bio-Kartoffeln gut waschen und im Salzwasser ca. 20 Minuten kochen bis sie bissfest sind.
2. Die Bohnen im Salzwasser ca. 10 Minuten kochen, bis auch sie bissfest sind.
3. Alle Zutaten für das Dressing in einer kleinen Schüssel mit einer Gabel oder einem Mixbecher vermixen.

Der Salat ist schnell zubereitet, eignet sich super zum mitnehmen, macht satt und regt durch seine Schärfe den Kreislauf an ... also perfekt für fleißige Rikscha-Fahrer :)

CONTACT-DORF
e.V.

Ökodörfer sind gewachsene Lebensgemeinschaften, die durch bewusste Mitwirkung all ihrer Bewohner*innen gestaltet werden. Sie verbessern die Lebensqualität und tragen dazu bei, die umliegende Natur zu schützen. Weltweit sind inzwischen sehr viele Ökodörfer entstanden. Zusammen mit tatkräftigen und fähigen Menschen lässt sich ein Ökodorf auch für Augsburg verwirklichen.

Roswitha:

Ann-Kathrin, Bernd, Claudia, zusammen mit euch habe ich das große Projekt contact-Dorf gestartet. Könnt ihr erzählen, wie es für euch angefangen hat?

Ann-Kathrin:

Ich bin über das »Do it!«-Programm der Uni Augsburg zu contact gekommen. Obwohl ich nur in einem Semester mithelfen wollte, hat mich der contact-Virus erwischt, und ich bin immer noch da. Grund war, dass ich am Ende des Einsatzes davon erfuhr, dass du zu diesem Zeitpunkt über das Sozialkaufhaus hinaus Pläne für ein ganzes Dorf im Kopf hattest. Das hat mich fasziniert. In einem gemeinsamen Gespräch stellten wir fest, dass es an der Zeit wäre, deine Pläne zu Papier zu bringen. So entstand das Konzept 1.0 und der erste Flyer. Und ich hatte damals schon versprochen: Ich bleibe dabei, bis das erste Haus steht!

Bernd:

Wir waren auch fast von Anfang an mit dabei. Meine Frau Claudia und ich arbeiten seit 2012 als Freiwillige im Sozialkaufhaus, weil wir da das Gefühl haben, an etwas Sinnvollem mitzuarbeiten. Als du angefangen hast, von deinen Ideen für ein soziales Ökodorf zu sprechen und auch schon Sachen, die fürs Dorf geeignet schienen, zur Seite gestellt hast, dachte ich mir: Die mit ihrem Dorf! Wir haben uns die Gedanken darüber zwar angehört, waren aber der Meinung, für uns ist das nichts. Die erste Gruppe, die sich einige Male im Sozialkaufhaus getroffen hatte, hatte sich inzwischen wieder aufgelöst, es war erst mal wieder Funkstille. Seit aber die beiden jungen Leute Ann-Kathrin und Daniel zusammen mit dir an der Ausarbeitung eines ersten Konzepts arbeiteten, hat das der Sache eine andere Wendung gegeben. Uns gefiel, dass es dort Raum geben wird für ein gemeinsames, gesundes und selbstbestimmtes Leben. Selbst aktiv sein, für sich und andere sorgen – das soll in dieser dorfähnlichen Struktur möglich sein. Neben dem Problem des bezahlbaren Wohnraumes wird die familienähnliche Struktur des Dorfes auch einige andere Probleme lösen: Einsamkeit, Altersarmut und die Abhängigkeit von hochgradig ungesunden Lebensmitteln sollen für die künftigen Bewohner kein Anlass mehr zur Sorge sein.

Claudia:

Ab da konnten wir uns vorstellen, in der Dorfgemeinschaft auch selbst mitzuleben und mitzuarbeiten. Wir hatten Feuer gefangen. Seitdem sind wir dabei, haben keines der monatlichen Treffen ausgelassen. Wir machen die Vorbereitung dieser sogenannten Dorfwerkstatt, wir sind bei den Sonnwendfeiern

und Erntedankfesten mit dir zusammen die maßgeblichen Organisatoren.

Roswitha:

Es ging ja dann auch erstaunlich schnell voran. Mit euch und einigen anderen konnten wir im Januar 2014 den Verein contact-Dorf gründen, damit das Projekt eine eigene Rechtsform hat.

Ann-Kathrin:

Du hast in einer Talkshow im Bayerischen Fernsehen erzählt, dass du das Glück hast, deine Träume auch leben zu können, und hast dabei auch unsere Dorfpläne erwähnt. Um unsere Pläne der Stadt Augsburg vorstellen zu können, hatten wir ein langes Gespräch mit dem damaligen Sozialreferenten Max Weinkamm. Dabei konnte er uns den Kontakt zur Stadtsparkasse vermitteln. So konnte schon ein paar Wochen später die Stiftung »Gemeinsam.Besser.Leben« gegründet werden. Nie vergessen werden wir, dass unsere Heidrun uns mit ihrer großzügigen Spende das Startkapital dazu gab. Leider wird sie nicht mit ins Dorf einziehen können, ihre Krankheit war schneller.

Bernd:

Was mir an der Konzeption gefällt, ist, dass es wieder eine soziale Sache sein wird, bei der man sich auch mit wenig Geld beteiligen kann, aber dafür mit viel Engagement. Man muss sich nicht einkaufen wie bei anderen derartigen Projekten. Es wird eine offene, unkomplizierte Gemeinschaft sein ohne ideologische Extreme. Mich begeistert an der Dorf-Idee noch, dass schöne moderne Häuser in Holzständerbauweise geplant sind, die mit Strohballen so gedämmt sind, dass eine Heizung überflüssig wird. Mit dem Thema befasse ich mich besonders gern.

Claudia:

Aber bis dorthin ist es noch ein langer Weg. Wir hoffen, dass wir in der nächsten Zeit einen geeigneten Platz für unsere Dorf-Pläne finden werden. Und dann müssen wir auch noch viel unternehmen, um die Finanzierung zu stemmen. Unsere Bastelarbeiten wie Upcycling-Tassenkerzen, die Glückwunschkarten aus Naturmaterial und unsere Beteiligung an Märkten, um die Idee zu verbreiten, sind da nur ein kleiner Grundstein. Da muss uns noch ganz viel einfallen. Aber auf jeden Fall haben wir jetzt positivere Gedanken Richtung Zukunft.

Bernd:

Mit dem Sozialkaufhaus konnten wir schon ganz viel für die Bewohner von Augsburg tun. Das Dorf bringt da noch viel mehr Vorteile: Es wird an die 200 neue Wohnplätze schaffen, vom Bauwagenplatz übers Single-Appartement bis zum Familienhaus. Im Dorf entstehen unzählige neue Arbeitsplätze in jeder Richtung – für Gärtner, Handwerker, Dienstleistungen usw. Die dorfähnliche Struktur ermöglicht Inklusion in jede Richtung. Ich habe auch bei dem neuen Projekt das Gefühl, dass alles von oben so gewollt ist. Die Zeit ist einfach reif für mehr Gemeinschaft!

contact-Dorf e.V.
Im Tal 8 | 86179 Augsburg
www.contact-dorf.org
mail@contact-dorf.de

Bernds

ZWIEBELPASTE

1 große Gemüsezwiebel
Pflanzenöl
Salz, Pfeffer
½ TL Zucker
40 ml Sojasoße salzig
4 EL Sojasoße süß
Würzsoße
3–4 EL (gehäuft) Johannisbeergelee
3 TL Bratensaft Grundsoße Pulver

1. Große Gemüsezwiebel in sehr kleine Würfel schneiden, mit Pflanzenöl anschwitzen, dabei ganz leicht salzen. Die Zwiebeln weiter braten und kurz bevor sie ganz braun sind, mit Zucker karamelisieren.

2. Das ganze mit salziger Sojasoße ablöschen, ca. 10 Minuten zugedeckt auf kleiner Flamme köcheln lassen. Wer es etwas pikant will kann ein paar Chiliflocken mitkochen.

3. Süße Sojasoße zugeben, nach Geschmack mit Würzsoße abschmecken und weiter ohne Deckel köcheln lassen. Immer wieder umrühren.

4. Sobald die Soße nach Röstzwiebeln riecht, Johannisbeergelee zugeben und verrühren.

5. Zum Binden der Soße Bratensaft Grundsoße zugeben und die Masse bis zur gewünschten Konsistenz einkochen lassen.

6. Wenn die Masse im Topf zu blubbern beginnt, heiß in gut schließende, gereinigte Gläser abfüllen. Vorher das oben schwimmende Bratöl abschöpfen.

GRILLGEMÜSE

3 Paprikaschoten (1 gelbe, 1 grüne, 1 rote)

1 Zucchini

1 Aubergine

4 Karotten

500 g Champignons

1 Stängel frischer Rosmarin

1 Stängel frischer Thymian

1 Msp. Salz

1 Msp. schwarzer Pfeffer

(am besten Körner selber mahlen)

4 EL Olivenöl

4 gedämpfte und geschälte Kartoffeln

wenig Olivenöl für Grillblech

1. Gemüse waschen, Paprikaschoten entkernen und in Streifen schneiden.

2. Zucchini, Auberginen und Champignons in ca. 5 mm dicke Scheiben schneiden.

3. Karotten dünn schälen und in ca. 5 mm starke Streifen schneiden.

4. Rosmarin und Thymian vom Stängel schieben und klein hacken.

5. Alle Zutaten in einer großen Schüssel vermengen, am Schluss das Olivenöl dazugeben und mit dem Gemüse vermischen.

6. Ganz wenig Olivenöl auf dem Grillblech erhitzen und das Gemüse grillen.

7. Gekochte und geschälte, je nach Größe halbierte oder geviertelte Kartoffeln mit auf das Blech legen und bei erfolgter Bräunung mit Kümmel, Salz und Pfeffer würzen.

Das
FRIEDENSHAUS

Die Friedenshäuschen sind eine Initiative von Werner und Monika Mayer. Jedes ist einzeln individuell gestaltet und kann als Symbol des Friedens in jedes Haus, zu Freunden und Bekannten gebracht werden. Der Reinerlös fließt in ausgewählte soziale Projekte.

Roswitha:

Wie entstand die Idee der Friedenshäuschen?

Monika:

Wir haben uns als Kulturbotschafter für die Bewerbung zur Kulturhauptstadt Augsburg 2010 mit eingebracht.

Werner:

Zu diesem Anlass haben wir ein Friedensbuch ausgearbeitet. Viele Bürger*innen aus Augsburg und landesweit haben uns dazu Beiträge zum Thema Frieden zugesandt, wie Frieden für sie aussieht. Viele Menschen haben uns geschrieben, dass der Friede vor der eigenen Haustüre losgeht. Die Frage für uns war: Was machen wir daraus?

Monika:

Wir wollten allen etwas mitgeben. Karten machen viele, etwas aus Porzellan war zu aufwändig. Dann kam uns die Blitzidee: Ein Friedenshaus aus Holz zusammen mit Kindern, Jugendlichen und Bürgern aus Augsburg. gestalten.

Werner:

Ein Freund hat 5.000 rohe Häuschen gesägt, die wir dann beim Sommerfest im Botanischen Garten 2004 trotz Regen alle verkauften! Den Erlös haben wir an die Bürgerstiftung Augsburg gespendet. Vor allem wegen der Steuer war dann aber erst mal Schluss mit den Friedenshäuschen. Wir mussten erkennen, dass das privat nicht machbar ist. Entweder wir gründen einen Verein oder suchen uns einen Träger. Mit der St. Gregor Jugendhilfe haben wir den richtigen Partner gefunden. Zuerst konnten wir auch in deren Werkstatt die Häuschen sägen lassen. Mit dem Ende der Ein-Euro-Jobs verlor aber auch deren Meisterin ihre Stelle. Dann ist aber ein Spielwarenfabrikant aus dem Landkreis auf uns zugekommen, der nun seit 2005 zu

einem relativ günstigen Preis die Häuschen sägt und schleift.

Roswitha:

Mittlerweile sind eure Friedenshäuschen weltweit bekannt.

Werner:

Das kann man wohl sagen. Durch Werbung über die Augsburger Allgemeine, durch hunderte von Verkaufsveranstaltungen usw. sind die Häuschen in Augsburg und weltweit bekannt geworden. So berühmte Leute wie Karlheinz Böhm, Michail Gorbatschow, die Königin von Bhutan und viele andere haben Friedenshäuschen geschenkt bekommen, wenn sie Augsburg besucht haben. Wir waren bei ganz vielen Veranstaltungen vertreten, die Nachfrage ist immer mehr gestiegen. Wir haben Anfragen aus aller Welt nach den Häuschen für Hochzeiten, Gedenkfeiern und unzählige andere Anlässe. Viele nehmen ein ganzes Paket mit.

Roswitha:

Das klingt ja nach einer endlosen Erfolgsgeschichte.

Werner:

Eigentlich schon, aber die Gruppe um uns herum ist älter geworden. Vielen fällt es nicht mehr so leicht, viele Stunden an einem Verkaufsstand zu verbringen. Das ist der Grund, warum wir jetzt feste Verkaufsstellen in der Stadt haben. Eine ist im Café Samocca als Dauervernissage, eine zweite im Zeughaus und eine in einer Wäscherei am Perlachberg. Die Eheleute Aichele hatten bei uns angefragt nach FCA-Häuschen. Ganz viele, die jetzt den Perlachberg runtergehen, kaufen ein Friedenshäuschen und lassen sich gern dort beraten, um das richtige Friedenshaus für den richtigen Anlass zu finden. Dort ist das Motiv mit der Knotenlöserin – ein Gemälde in St. Peter am Perlach – sehr begehrt.

Roswitha:
Was bedeutet die Arbeit für euch?
Monika:
Es ist mir wichtig, etwas für die Menschen tun zu können. Man fühlt sich ausgefüllt. Schön ist ein Lächeln, das zurückkommt. Gefreut habe ich mich, dass unsere Arbeit durch viele Auszeichnungen auch gewürdigt wurde.
Werner:
Mich hat vor allem die Eigeninitiative der Wäscherei gefreut. Für mich persönlich ist es wichtig, sinnvoll und kreativ die Zeit zu verbringen. Und die Arbeit soll auch einen Wert haben: Viele Menschen dazu zu bringen,

friedlich zu denken, Frieden in die Häuser zu bringen. Die Friedenshäuschen helfen, den Friedensgedanken weltweit zu verstehen und sich damit immer in Erinnerung zu rufen.

Das Friedenshaus
www.das-friedenshaus.de
wernweramayer@das-friedenshaus.de

DINKEL-GEMÜSE-BRATLINGE

vegetarisch

für 2 Personen
(4 Bratlinge)

100 g Dinkelmehl
1 EL Haferflocken
125 ml Bio-Gemüsebrühe
Pfeffer, Salz
3 EL Olivenöl
30 g Butter
1 Ei
1 Karotte mittelgroß
1 rote Paprika
1 gelbe Paprika
Knoblauchzehe nach Bedarf

1. Gemüsebrühe mit Butter, Salz und Pfeffer in einem Topf aufkochen.
2. Dinkelmehl einrühren und so lange rösten, bis sich der Teig vom Boden löst.
3. Abkühlen lassen und das Ei dazu rühren.
4. Gemüse in kleine Würfel schneiden und in Olivenöl glasig dünsten, mit Salz würzen.
5. Teig mit Gemüsemasse mischen und im Kühlschrank kaltstellen.
6. Bratlinge formen und in einer Mischung aus Dinkelmehl und Haferflocken wenden.
7. Bei mittlerer Hitze goldgelb ausbraten.

Als Beilage eignet sich wunderbar grüner oder bunter Salat, je nach Jahreszeit.

Selbstbestimmtes und eigenaktives Lernen ist in jedem Lebensalter wichtig, um ein selbstbestimmtes und eigenaktives Leben zu führen. Der Verein startet hierfür Projekte wie Gesprächsabende, Spielgruppe, Kindertagesstätte und die Freie eigenaktive Schule.

Roswitha:

Tobias, wir durften euch für einen Tag mit eurer eigenaktiven KiTa Regenstrahlen im Siebentischwald begleiten. Uns ist sofort aufgefallen, wie viel selbstständiger eure Kleinen spielen, mit Werkzeugen und Naturmaterialien hantieren und sich Arbeiten zeigen lassen, die für sie interessant sind.

Tobias:

Ja, unsere Vision ist, miteinander eigenaktiv zu lernen. Der Naturbezug ist beim eigenaktiven Lernen sehr wichtig. Jedes Kind ist anders. Bereits als Baby wollen wir uns die Welt um uns herum aneignen (Köpfchen heben, laufen lernen ...). Deswegen können wir auch als Kinder, Jugendliche und Erwachsene Prioritäten setzen und wenn wir dürfen, wollen wir von uns aus wachsen. Wir lernen in allen Lebenslagen genau das, was gerade das individuell passende Thema ist. Es sind keine Räume, keine Materialien vorgegeben, jedes Kind kann mitgestalten. Als Erwachsene wollen wir nicht hierarchisch vorgehen. Es ist schlimm zu sehen, wenn in der staatlichen Schule systematisch das Feuer in den Kindern erstickt. Individuelles Lernen und ein fest vorgegebener Fächerkanon oder auch allgemeingültige Lehrpläne lassen sich dabei schwer vereinbaren. Auch in den Montessori- oder Waldorfschulen gibt es Lehrpläne, und das Lernen ist damit nicht wirklich frei. In den Freien Schulen, wie wir sie anstreben, kann jedes Kind für sich lernen und darf seine eigenen Lernpläne haben.

Roswitha:

Wie weit ist denn das mit den Freien Schulen und speziell mit der in Augsburg?

Tobias:

Weltweit gibt es inzwischen eine dreistellige Zahl an freien, demokratischen, selbstbestimmten Schulen; in Deutschland sind es immerhin schon 13. In Ludenhausen am Ammersee wurde gerade der ersten solchen Schule in Bayern der Betrieb untersagt. In Bayern ist ein so innovatives Konezpt für die Bezirke natürlich nur schwer zu genehmigen. Dabei erhalten wir in Augsburg von vielen Seiten Rückenwind, das freut uns sehr.

Und bei uns engagieren sich wirklich alle. Mit der Soziokratie haben wir auch schon die Form der Mitbestimmungsmöglichkeit für alle gefunden. Es gibt bereits den Arbeitskreis Pädagogik, zu dem ich auch gehöre. Lehrerinnen mit zweitem Staatsexamen sind auch schon einige dabei, die sich eine Atmosphäre der beziehungsvollen Potenzialentfaltung wünschen. Auch der AK Finanzen und Gebäude und der AK Öffentlichkeitsarbeit sind sehr engagiert. Obwohl es den Verein noch gar nicht so lange gibt, laufen schon viele Aktivitäten. Bereits seit einem Jahr haben wir eine Spielgruppe am Laufen, die »Tröpfchen«, einmal in der Woche. Die KiTa Regenstrahlen hat sich auch schon gut etabliert. Nach unseren Plänen soll im Herbst 2017 die Freie Schule Luana starten. Für den Namen gibt es zwei Bedeutungen: »die Löwin« oder in hawaiianischer Sprache »glücklich und zufrieden«. Aus unserer Sicht sind auch die eigenaktive Fortbildung von Pädagogen und Eltern sowie Netzwerke wichtig, da wir ja alle zusammen anders sozialisiert wurden.

Wir fassen unsere Projekte unter dem Oberbegriff Lernumgebungen zusammen. Lernumgebungen findet man überall. Man kann sie an jedem Ort schaffen. Meiner Meinung nach lernt der Mensch von Geburt an bis ins Alter und generationenübergreifend. Die uns bekannten Formen wie Schule, Kindergarten usw. sind nur Kategorien, mit denen Behörden und Öffentlichkeit besser umgehen können.

Tobias:

Wir sind jetzt schon in mehreren Verbänden aktiv. Wir engagieren uns für die KiTa bei den Eltern-Kind-Initiativen in und um Augsburg, dem Landesverband der Wald- und Naturkindergärten in Bayern und dem trägerübergreifenden AK Männer in bildenden Berufen. Das Letztere kommt daher, dass ich schon während meiner Ausbildung zum Erzieher gesehen habe, dass es da so gut wie keine Männer gibt. Der Männeranteil liegt bei derzeit 2,6 Prozent. Für die Schule beteiligen wir uns beim Bundesverband freier Alternativschulen e.V. (BFAS) sowie bei der european democratic education community (EUDEC).

Roswitha:

Wie bist du zum Beruf des Erziehers
gekommen?

Tobias:

Ich wollte eigentlich etwas mit Medien machen. Da mir die Arbeit mit Menschen aber zu viel Spaß macht, war das nichts für mich. Als Zivi arbeitete ich im Kindergarten als pädagogische Bezugsperson und bin bei der schönen Aufgabe geblieben. Mamas aus der Schatzkiste Haunstetten haben 2006 den Waldkindergarten Fuchsbau gegründet. 2007 kam ich dort dazu. Die Idee für die Freie Schule hatte ich schon lange. Dann kamen Mütter mit dem gleichen Gedanken auf mich zu. So gründeten wir im Januar 2015 den eigenaktiv e.V. Im August 2015 bekamen wir die Betriebserlaubnis, um zwei Wochen später mit dem Waldkindergarten zu starten. Für mich ist das schön: Ich kann so sein, wie ich will. Die Arbeit macht mir viel Freude, auch ich kann selbstbestimmt und eigenaktiv leben, lernen und mich entfalten.

Roswitha:

Und am wichtigsten ist für dich?

Tobias:

Der Ausblick auf eine wunderschöne Zukunft für uns und künftige Generationen!

eigenaktiv e.V.
Königsbrunner Str. 96 | 86179 Augsburg
(0821) 6 08 85 71
www.eigenaktiv.de
info@eigenaktiv.de

WILDKRÄUTERPESTO

für 4 Personen

300 g Wildkräuter, z.B. Brennnessel, Girsch,
Gundermann, Löwenzahn
100 g Hartkäse
50 g Nüsse
1 Bio-Zitrone
12 EL Olivenöl
reichlich Sonnenblumenkerne

1. Kräuter waschen, trocken tupfen und in einen
manuellen Zerkleinerer geben.
2. Sonnenblumenkerne und Nüsse zu den
Kräutern hinzugeben und alles zerkleinern.
3. Kräuter, Kerne und Öl verrühren.
4. Zitrone auspressen, etwas Zitronenschale
abreiben und hinzufügen.
5. Mit Parmesan vermengen.

Pesto eignet sich gut als Brotaufstrich und
passt prima zu Nudeln oder Pellkartoffeln.

FREIE WALDORFSCHULE AUGSBURG
e.V.

Das mehrfach ausgezeichnete Marokkoprojekt der Freien Waldorfschule Augsburg trägt seit 2010 dazu bei, dass Schüler ihre Vorteile gegenüber Muslimen abbauen können.

Roswitha:

Isabella, du hast dafür gesorgt, dass die Freie Waldorfschule Augsburg seit mehreren Jahren einen beispielhaften interkulturellen Austausch zwischen Schülern aus Deutschland und Marokko durchführen kann.

Isabella:

Die Idee kam mir durch die Antistimmung, die die Terroranschläge vom 11. September 2001 ausgelöst hatten. Alle Muslime standen unter »Generalverdacht«. Das erfasste sogar teilweise unsere Schüler, obgleich es muslimische Schüler bei uns gibt. Über private Kontakte lernte ich einen marokkanischen Philosophielehrer kennen. Er hatte sofort Interesse an einem gemeinsamen Projekt. Pfingsten 2008 fanden an unserer Schule verschiedene Workshops statt. Ich hatte dabei die Gelegenheit, eine Videokonferenz zwischen seinen und unseren Schülern anzubieten. Dieser reale Kontakt war eine tolle Erfahrung für beide Seiten. Durch großzügige Spenden konnte dann 2010 die erste Reise nach Marokko stattfinden. Die Schüler leisten durch einen friendly service bei real jeweils auch selbst einen Beitrag zur Finanzierung des Projekts. Seitdem reisen immer einmal wir mit maximal 16 Schülern der neunten bis zwölften Jahrgangsstufe in die kleine Stadt Had Kourt, nordöstlich der Hauptstadt Rabat. Im folgenden Jahr besucht uns die gleiche Anzahl an marok-

kanischen Schülern. Unseren Partnern dort fällt es wesentlich schwerer, eine Auswahl unter den Schülern zu treffen, weil sie alle alles in Kauf nehmen, um hierherkommen zu können. Für sie ist es das Größte, oftmals hatten sie noch nie die Gelegenheit, aus ihrer Stadt herauszukommen. Unsere Schüler werden mit arabischer Gastfreundschaft aufgenommen, was liebevolle Rundumversorgung und vor allem viel Essen und viele Fotos bedeutet. Beim Gegenbesuch machen sich deutsche Gasteltern manchmal Sorgen, weil ihre Gäste zu wenig essen. Für sie ist es schwieriger, mit unserem Essen zurecht zu kommen. Für unsere marokkanischen Gastgeber ist es dagegen sehr gewöhnungsbedürftig, dass wir Vegetarier und sogar Veganer dabei haben.

Roswitha:
Ist euer Besuch in Had Kourt nur eine Art Klassenfahrt?
Isabella:
Nein, keinesfalls. Beim ersten Besuch konnten wir gemeinsam eine Solar-Absorber-Anlage auf dem Internatsdach der dortigen Schule installieren. In den folgenden Jahren wurde jeweils im Vorfeld überlegt und vorbereitet, was wir dort und bei uns Neues und Nützliches aufbauen könnten. Oft kommen die Impulse aus dem

letzten Besuch und können beim nächsten realisiert werden. So waren unsere afrikanischen Gäste sehr beeindruckt von der Sauberkeit in Deutschland, denn Müll wird dort im ländlichen Raum einfach fallen gelassen. Deshalb gaben wir Abfallkörbe bei einem lokalen Handwerker in Auftrag und konnten diese beim nächsten Besuch an der Schule und in der näheren Umgebung anbringen und mit der Stadtverwaltung die Leerung vereinbaren. Das zeigte den gewünschten Effekt: Der Kiosk in der Nähe wollte auch gleich einen haben, ebenso das kleine Krankenhaus gegenüber. Das letzte Mal im März 2016 bauten wir einen Unterstand, der die Schüler, die auf ihr Essen warten, vor Sonne oder im Winter vor Regen schützen kann.

Roswitha:
Was bringt euch das Projekt?
Isabella:
Es bringt viele Freunde unter den marokkanischen Partnern, aber auch Kollegen und Eltern finden das Projekt toll. Es findet ein intensiver Austausch statt, die Aufenthaltsdauer von zehn Tagen ist genug Zeit, um Freundschaften zu schließen und einen Eindruck von der Kultur und von marokkanischem Familienleben zu gewinnen. Für mich persönlich ist es zwar

viel zusätzliche Arbeit, aber der menschliche Kontakt motiviert mich. Ein Teil des Projekts liegt immer auch in den Ferien. Gegenüber anderen Schulen habe ich den Vorteil, dass ich alles sehr frei gestalten darf. Ich habe auch große Unterstützung durch Kollegen, Eltern und besonders meinen Mann, der als Werklehrer die praktische Projektarbeit leitet. Auch ehemalige Schüler beteiligen sich. Einer, inzwischen Schauspieler, hat diesmal einen Theaterworkshop geleitet, der auch für ihn sehr spannend war. Im Vorfeld wurden Fragen bearbeitet wie: Was ist mir wichtig, was ist für mich Heimat usw. Das gemeinsam erarbeitete Theaterstück kam sehr gut an, zeigte es doch, wie nah sich trotz großer Verschiedenheit der Kulturen die Jugendlichen sind.

Roswitha:

Ihr seid von der Stadt Augsburg 2011 mit dem Zukunftspreis ausgezeichnet worden. Ihr hättet aber noch einen besonderen Wunsch an die Friedensstadt Augsburg?

Isabella:

Ja, mein Wunsch wäre eine Städtepartnerschaft mit der alten Königsstadt Fes, die wir auch regelmäßig besuchen, wenn wir in Marokko sind. Augsburg hat noch keine Partnerschaft mit einer islamischen Stadt.

Freie Waldorfschule und Waldorfkindergärten Augsburg e.V. Dr.-Schmelzing-Str. 52 | 86169 Augsburg www.waldorf-augsburg.de info@waldorf-augsburg.de

BAKKOULA SALAT

Malvenblättersalat

2 Bund Malvenblätter

50 g schwarze oder rote Oliven

2–3 EL Oliven- oder Arganöl

1 TL Cumin

1 TL Paprika

1 TL Cayennpfeffer

frische Petersilie

frischer Koriander

Saft von einer Zitrone und eine eingelegte Zitrone

Salz

Pfeffer

Knoblauch

1. Malvenblätter waschen, abtropfen lassen und möglichst klein schneiden.

2. Mit den Gewürzen und einem Teil der Oliven (klein geschnitten) in Öl dünsten, gegen Ende Zitronensaft dazugeben.

3. Regelmäßig umrühren.

4. Mit Oliven und Schnitzen der eingelegten Zitrone belegen.

5. Gehackte Petersilie und Koriander darüberstreuen.

Warm oder kalt servieren.

GROW UP
INTERKULTURELLER GARTEN

Augsburg
e.V.

*Interkulturelle Gärten gibt es bereits seit den 90er-Jahren. 2009
wurde die Idee zusammen mit dem Bundesamt für Migration
und Flüchtlinge, der Gesellschaft zur Förderung beruflicher und
sozialer Integration und der Kulturpark West gGmbH auch in
Augsburg umgesetzt.*

Roswitha:

Welche Bedeutung habt ihr für Augsburg?

Tine:

Wir erfüllen alle vier Nachhaltigkeitskriterien.
Hier wird ökologisch sehr viel für das Kleinklima
getan, wir schaffen Lebensraum für Tiere. Wir
wollen altes Saatgut erhalten und untereinander austauschen. Unser Garten ist ein sozialer
Ort der Begegnung und des Austausches zwischen allen Nationen, Schichten und Altersgruppen, und es bilden sich neue Freundschaften.
Bei unseren Festen kommt auch die Kultur nicht
zu kurz.

Roswitha:

Wie ist euer Garten entstanden?

Martin:

Ein EU-gefördertes Projekt ist von 2009 bis
2012 gelaufen. Nach Ablauf der Förderung
wollten wir selbstbestimmt weitermachen und
haben deshalb 2012 den Verein gegründet. Es
sind ehemalige Sportflächen der Amerikaner,
deshalb ist der Boden in Ordnung.

Tine:

Unser Pachtvertrag hängt mit dem Kulturpark
West zusammen, deshalb wäre erst mal 2017
Schluss, aber es laufen Bestrebungen, dass es

weitergehen kann. Wenn es nicht anders geht, dann vielleicht auf einer kleineren Fläche.

Roswitha:
Was macht die Einzigartigkeit aus?
Tine:
Es war der erste Gemeinschaftsgarten in Augsburg, der größte, der schönste (lacht). Um einen Basketballplatz herum war eine Hochstaudenflur. Da musste erst mal viel gerodet werden. Die ersten 20 Beete wurden regelrecht aus der Wiese herausgestochen. Es waren sehr große Beete. Wir haben viele Familien, die von Anfang an dabei sind. Inzwischen haben wir 65 sogenannte Beetpaten. Und auch die Kindergartengruppe »Die kleinen Freunde« gärtnert mit Begeisterung mit uns. Wir haben eine Warteliste, die eigentlich nie kürzer wird. Man kann auch Kindern in der Stadt zeigen, wie man mit der Natur leben kann. Alle finden hier ihren Platz.
Martin:
Es ist eine Oase der Ruhe in der Stadt, wo man gut abschalten kann. Die Zeit scheint langsamer zu vergehen. Für Berufstätige ist es das ideale und kostenlose Workout.
Krisztina:
Wichtig ist auch, dass man sich in die Gemeinschaft einbringt. Gerade in Augsburg, wo 44 Prozent der Bevölkerung einen Migrationshintergrund haben, ist so ein interkultureller Garten eine Chance zur Integration.
Martin:
Das Wichtigste ist das Gärtnern. Alles andere passiert nebenher. Der interkulturelle Austausch, der Austausch über Fachwissen, das gemeinsame Feiern. Wir lernen viel voneinander. Jeder hat sein eigenes Beet, aber wir machen auch viel gemeinsam, manchmal in kleinen Gruppen, manchmal alle zusammen.
Krisztina:
Man hilft sich auch gegenseitig. Wenn jemand im Urlaub oder krank ist, wird sein Beet mitversorgt.

Roswitha:
Was sind eure Anliegen und wie seid ihr organisiert?
Tine:
Wir wollen weitergeben, dass man eigentlich nur Samen in die Erde legen muss, und dann wächst es.
Martin:
Der Vorstand harmoniert gut. Es gibt zwei Gruppen: eine administrative und eine, die die Arbeit vor Ort koordiniert. Früher haben wir große Aufgaben an der gesamten Anlage in

Gemeinschaftsarbeit gemacht. Jetzt gibt es kleinere Arbeitsgruppen, in denen die Arbeit besser organisiert werden kann.

Roswitha:

Welche Bedeutung hat das Essen in eurer Gemeinschaft?

Tine:

Bei unserem großen Frühlingsfest kommen inzwischen sehr viele Gäste, weil es unser legendäres interkulturelles Büfett gibt. Oft wird aber auch spontan im Garten gekocht, nicht nur von unseren ausländischen Familien.

Roswitha:

Denkt ihr, dass sich das Zusammenleben unterschiedlicher Kulturen in Augsburg in der letzten Zeit verändert hat?

Martin:

Es engagieren sich jetzt viel mehr Leute, die bisher noch nie was gemacht haben. Trotz der hohen Prozentzahl an Menschen mit Migra-

tionshintergrund klappt das Zusammenleben ganz gut. Kriegshaber und auch der angrenzende Stadtteil Oberhausen werden ja oft als Problemstadtteile benannt – es sind aber sehr schöne und tolle Stadtteile.

Roswitha:

Was hat euch euer Engagement für GROW UP gebracht?

Tine:

Mir ist es wichtig, hier Zeit verbringen zu können, um mich zu erholen. Und die vielen Freundschaften sind für mich wertvoll. Es hat mich auch beruflich weitergebracht.

Martin:

So viele auf einem Haufen, die genauso ticken! Durch den Garten habe ich angefangen, mich zu engagieren. Ich habe gemerkt, ich kann was bewegen.

Krisztina:

Es ist die erste Stadt in Deutschland, wo ich mich gut verstanden fühle. Das Projekt hat mir dabei sehr geholfen.

Garten-Adresse (bitte keine Post!):
Sommestraße 40 | 86156 Augsburg
(hinter dem Reese-Theater)
www.growup-augsburg.de
growup.augsburg@gmail.com

SOS SAJTOS RUD

salzige Käsestangen

500 g Mehl
250 g Margarine
3 Eier
1 Prise Salz
1 TL Backpulver
grobes Salz zum Bestreuen
Kümmel ganz
geriebener Käse
1 Msp. Paprikapulver

1. Mehl, Margarine, 1 Ei, Salz, Backpulver zusammenkneten, 2 Laibe machen.
2. Die Laibe ausrollen, so dünn wie möglich (max. 5 mm), in Streifen schneiden (ca. 7 cm lang, 1 cm breit).
3. Bei den beiden anderen Eiern Eiweiß und Eigelb trennen. Paprikapulver mit Eigelb vermischen, die Stangen damit bestreichen.
4. Dann mit Eiweiß bestreichen.
5. Mit grobem Salz, Kümmel und geriebenem Käse bestreuen.
6. Bei 140–150 °C etwa 15 Minuten goldbraun backen.

KRÜMELHOF
tiergestützte Pädagogik

Mitten in Augsburg wird Kindern, Jugendlichen und Erwachsenen die Möglichkeit gegeben, die Natur und die Tiere mit allen Sinnen zu erfahren. »Tiergestützte Pädagogik« ist ein durch Tiere begleiteter (heil-) pädagogischer Erziehungs- und Förderansatz.

Roswitha:

Alexandra, du hast hier ein Paradies mitten in Augsburg!

Alexandra:

Ja, da hast du recht. Ich habe hier ein wirklich großes Stück Land gemietet und lebe zusammen mit meinen Tieren in einer grünen Idylle inmitten von Augsburg. Um so ein Gelände zu bekommen, auf dem ich einen Betrieb mit Tieren führen darf, braucht man aber einige Ausbildungen und Prüfungen, nicht nur beim Veterinäramt. Ich habe die BiLa-Seminare in Stadtbergen und die dazugehörigen Prüfungen absolviert. Zudem bin ich Heilerzieherin, Reittherapeutin, habe Fortbildungen in der Trauma-

und auch Seniorenarbeit und bin Fachberaterin für tiergestützte Interaktion. Hauptberuflich bin ich in einem Kinderheim, 40 Wochenstunden – das reicht für die Miete meines großen Hobbys! Tierarzt, Futter, Geld für Anschaffungen – all das muss auch noch finanziert werden. Auf einer Fläche von 1,5 Hektar leben wir, meine Helferin Stefanie und ich, mit Pferden, Schweinen, Ziegen, Lamas/Alpakas, Schafen, Kaninchen, Meerschweinchen, Katzen, Hunden, Hühnern. Begonnen habe ich damals mit meinem Hund und vier Kaninchen. Nach und nach kamen dann die anderen Tierarten hinzu und so habe ich mit vielen Hühnern und ein paar privaten Tieren ca. 140 Tiere auf dem Gelände.

Roswitha:

Das klingt erst mal nach sehr viel Arbeit!

Alexandra:

Das stimmt. Man kommt oft an seine Grenzen, an manchen Tagen ist es mir einfach auch zu viel. Man könnte es ja ruhiger haben, aber ich liebe alle meine Tiere und die Arbeit mit den Kindern und den Senioren! Die Freude der Kinder zu sehen, gibt mir sehr viel. Ich stehe mit Freuden morgens auf, um zu schauen, wie es jedem einzelnen Tier geht. Wenn ich nicht in meinem Hauptberuf im Kinderheim bin, habe ich Kinder von Jugendämtern oder Kinderheimen bei mir zu Einzelstunden, aber auch Gruppen wie z.B. Kindergärten, Schulen, Hortgruppen etc. kommen gerne zu Ausflügen auf den Hof. Flüchtlingskinder aus Übergangsklassen lernen hier, wie man bei uns in Deutschland mit Tieren umgeht.

Besonders am Herzen liegen mir verwahrloste Kinder oder Kinder, die sexuell missbraucht wurden, sowie Kinder aus sozial schwachem Umfeld. Wegen Kindern, die solche schlimmen Erfahrungen machen mussten, habe ich ursprünglich den Krümelhof gegründet. Damals durfte mein Hund – Therapiebegleithund mit Prüfung! – im Kinderheim mitarbeiten. Die Kinder haben ihm alles erzählt, hatten Vertrauen

zu ihm, und aufgrund seiner Erscheinung – Dobermann-Mischling! – haben sie sich sicher gefühlt. Der Hund durfte irgendwann nicht mehr mit in die Arbeit. Und zu sehen, wie die Kinder darunter leiden, machte mich sehr traurig. So entstand dann der Krümelhof. Den Hof stemme ich zusammen mit drei Angestellten und einigen Freiwilligen. Nach fünf Jahren läuft es jetzt einigermaßen gut. Schwierig war nur der Umzug auf das größere Gelände im Oktober 2015. Dort musste ich jeden Zaun, jeden Stall etc. neu bauen. Die neuen Vermieter haben mir ganz viel geholfen, haben Gewächshäuser abgerissen, Flächen begradigt und angesät und mir und Steffi die zwei Wohnhäuser auf dem Gelände wunderschön hergerichtet.

Roswitha:
Aber ihr habt es geschafft! Gab es den Namen Krümelhof schon vorher?

Alexandra:
Ja, denn von einem riesigen Gelände, wo wir vorher waren, hatten wir einen kleinen Teil, einen Krümel!

Roswitha:
Finanziell kommst du für alles allein auf?

Alexandra:
Bis jetzt habe ich das immer irgendwie geschafft. Alles steht und fällt mit mir. Wie lange ich den finanziellen Druck noch alleine stemmen kann, weiß ich nicht. Noch will ich nicht, dass es ein Verein wird. Dann ist es nicht mehr meins! Ich könnte mir nur vorstellen, dass andere einen Verein gründen und die Unterstützung des Krümelhofs als Satzungszweck in die Satzung kommt. Meist engagiert sich aber leider niemand, wenn man selbst nicht davon profitiert. Für mich ist es auch ein Stück Eigentherapie. Ich habe sehr viel Freude daran, auch wenn es oft schwierig ist mit den Ämtern, Behörden, Vorschriften und den geforderten Ausbildungen. Ohne die Unterstützung meiner Familie und Freunde hätte ich bestimmt schon aufgegeben. Aber klar macht man weiter, eigentlich ist es echt schön. Ich hoffe, dass es in Zukunft mehr angenommen wird und dass ich irgendwann einmal ohne Geldsorgen ganz davon leben kann. Meine größte Freude ist, dass es jetzt hier auf dem neuen Gelände den Tieren viel, viel besser geht und langsam alles so schön wird!

Krümelhof
Alexandra Schorer
Talweg 23 | 86154 Augsburg
www.kruemelhof.de
info@kruemelhof.de

STOCKBROT

150 g Quark
300 g Mehl
6 EL Milch
6 EL Öl
1 Pck. Backpulver
1 Prise Salz
etwas Mehl für die Arbeitsfläche
Äste von einem nicht giftigen Baum,
z.B. Haselnussbaum oder Weidenruten

1. Für den Teig Mehl, Backpulver und Salz vermischen. Quark, Milch und Öl in eine Rührschüssel geben und mit dem Mixer zu einer glatten Masse verrühren.

2. Das Mehlgemisch mit in die Rührschüssel geben und mit dem Mixer (Knethaken) zu einem glatten Teig verkneten.

3. Etwas Mehl auf die Arbeitsfläche und in die Hände geben, den Teig auf die Arbeitsfläche geben und noch mal gut durchkneten (2 – 3 Minuten).

4. Nun die Stockbrote 5 – 10 Minuten über dem Grillfeuer, Lagerfeuer, Feuertonne oder im Winter am Kaminfeuer knusprig backen. Dabei den Stock mit dem Brotteig immer wieder drehen. So lange backen, bis der Teig hellbraun ist. Das Stockbrot leicht abkühlen lassen und direkt vom Stock essen.

NACHBARSCHAFTSGARTEN AN DER NEUHOFERSTRASSE

(Quartiersmanagement Oberhausen-Mitte)

Jan Weber-Ebnet ist für das Quartier Oberhausen-Mitte zuständig. Er hat zusammen mit Anwohnern schon vor längerer Zeit mit einem Gemeinschaftsgarten angefangen und diesen auch dem Arbeitskreis Urbane Gärten Augsburg angeschlossen.

Roswitha:

Jan, bitte erzähl mir, wie ein Quartiersmanager darauf kommt, einen Gemeinschaftsgarten zu starten.

Jan:

In Oberhausen gab es viel zu wenig Freiräume. Flächenreserven gibt es nicht, also haben wir versucht, eine andere Art von Freifläche zu etablieren. Inzwischen gibt es insgesamt fünf kleine Gartenprojekte in Oberhausen, alles so ungewöhnliche Arten von Freiraumnutzungen. Bei einem Projekt z.B. haben wir einen Bauwagen aufgestellt und zwölf Big Bags zum Gärtnern.

Bei allen sind die Gärtner bunt gemischt, Deutsche und Ausländer, Junge und Alte zusammen. Das Projekt Nachbarschaftsgarten an der Neuhoferstraße gibt es seit vier Jahren. Ich hatte das brach liegende Grundstück entdeckt und mit dem Liegenschaftsamt geredet, um daraus was zu machen. An Stadtentwicklung kann sich jeder beteiligen. Für viele ist es aber eine neue Erfahrung, dass eigenes Mitgestalten möglich ist, dass es Spaß macht und etwas dabei herauskommt. Wir merken, dass es für die Bürger eine völlig neue Erfahrung ist, dass sie dabei mitreden, mittun können, selber aktiv werden können. Große Budgets haben wir nicht und die großen Maßnahmen der Stadtentwicklung dauern halt einfach Jahrzehnte. Und da ist immer der Vorwurf: Es wird ja nur geredet und nichts passiert. Wir wollten in einer Gegenwirkung zeigen: Es passiert was! Wir haben am Anfang einfach ein Plakat hingehängt: Wer hat Lust zu gärtnern? Da haben sich auf Anhieb fünf oder sechs Parteien gemeldet. Es gab keine Mitgliedsbeiträge, keine Vorschriften. Jeder konnte sich einfach mit seinem Namen bei uns anmelden. Wir haben zwei Jahre lang experimentell aufgebaut, um herauszufinden, was geht, was Spaß macht. Man hat dann konkret bemerkt, was nicht funktioniert, wo man sich zusammensetzen muss. Das Projekt war dann relativ er-

folgreich, war sogar in einer Broschüre der Stadt Augsburg zur Stadtsanierung. Während der Bauarbeiten der Kirche für das Diözesanarchiv konnten wir nicht auf die Fläche. Das bedeutete zwei Jahre Pause – aber die Zusage war, dass das Grundstück sogar so hergerichtet wird, mit allen Anschlüssen, wie wir es brauchen. Für die Zeit danach war es uns wichtig, eine Organisationsstruktur aufzubauen, die länger lebt als das Quartiersmanagement, was ja immer nur für einen bestimmten Zeitraum ist. Im Mai 2016 wurde mit dem harten Kern von damals angefangen, das Projekt neu aufzubauen. Aus den damaligen Erfahrungen heraus konnten wir schon mal eine Gartensatzung formulieren. Es kommen immer mehr Nachbarn dazu, es ist wirklich ein Garten von und für Nachbarn. Ab 2017 soll ein eigenständiger Verein die bisherige Begleitung durch das Quartiersmanagement ablösen.

Roswitha:
Jan, du sagst, vieles geht nur in Zwischennutzungen.
Jan:
Oft sind Zwischennutzungen besser: Sie entlasten und befreien sowohl die Macher als auch die Bedenkenträger von Druck. Man muss nicht

gleich mit allen Bedenken und Sorgen für die nächsten Jahrzehnte umgehen. Wir probieren einfach mal aus, zeigen: Es tut gar nicht weh.

Roswitha:
Wie klappt die Zusammenarbeit mit der Stadt?
Jan:
Wir erleben unsere städtischen Partner als sehr aufgeschlossen, sehr positiv. So kann man das auch weitergeben. Und die Leute erleben, dass die Stadt den Bürgern gehört. Dass sie das wieder lernen, das motiviert mich, Zeit zu investieren. Darin sehe ich meine Berufung.

Roswitha:
Du hast da noch mehr wichtige Erkenntnisse aus dem Projekt gezogen.
Jan:
Es gibt nicht mehr die klassische Schrebergartenzeit, wo alle um 17:00 Uhr Feierabend haben und sich treffen. Freie Formen sind da die Lösung. Der Student hat erst ganz spät am Abend Zeit, der Schichtarbeiter muss erst mal schlafen usw. Die Arbeitszeiten im Garten sind dereguliert. Trotzdem lassen sich gemeinsam Probleme lösen, man wächst an den Aufgaben, man feiert zusammen. Das braucht einen gemeinschaftlichen Ort, eine neutrale Fläche, wo man kommen kann, sich dazustellen kann, wieder gehen kann. Keiner lädt ständig 20 Menschen in sein Wohnzimmer ein. Jeder bringt was mit, ohne groß darüber zu reden. So entstehen ganz selbstverständliche Gemeinschaften, eben Nachbarschaften. Es überfordert keinen, es wird nicht unnötig Energie verbrannt, so können wir zeigen, dass Engagement sich lohnt. Und für mich ist es gut zu wissen, dass das Projekt weiterlebt, wenn mein Job hier beendet ist. Dann hat es sich gelohnt.

Roswitha:
Und dein Wunsch für die Zukunft?
Jan:
Dass sich das Netzwerk kleiner Gartenprojekte weiter ausweitet: ein Netz von kleinen grünen Inseln!

TOMATEN-MOZARELLA-BASILIKUM-QUICHE

Teig

250 g Quark
250 g Mehl
1 Pck. Backpulver
½ TL Salz
1 Ei
4 EL Öl
Butter oder Margarine zum Einfetten
Mehl zum Ausrollen

1. Für den Teig erst das Mehl mit dem Back-pulver vermischen, dann mit dem Quark, Salz, 1 Ei und 4 EL Öl mit dem Knethaken des Hand-mixers 1 Minute miteinander vermengen.
2. Den Teig zum Kloß formen und 30 Minuten zugedeckt in den Kühlschrank stellen.
3. Nach der Ruhezeit mit dem Teig den Boden einer gefetteten Springform auslegen.
4. Den Belag darauf verteilen.

Belag

2 rote Schalotten
10–16 Kirschtomaten
etwas Basilikum
Salz, Pfeffer
200 g Mozzarella
200 g Creme fraîche

1. Die Schalotten am Tag vorher in grobe Würfel schneiden und mit Balsamico-Creme vermen-gen, abdecken und über Nacht ziehen lassen.
2. Mozzarella klein schneiden, mit Creme fraîche und fein gehackten Basilikum vermischen, mit Salz und Pfeffer abschmecken und auf den Teig geben.
3. Zwiebeln in der Pfanne mit etwas Butter glasig dünsten und diese dann auf die Creme-fraîche-Mischung geben.
4. Kirschtomaten halbieren und auf der Masse verteilen.

Den Backofen auf 200 °C vorheizen, Einschubhöhe unten, Backzeit 25–30 Minuten.

NANU!
e.V.

Ziel des Vereins ist es u. a. Interessierten aller Altergruppen ein breit gefächertes und hochwertiges Umweltbildungsprogramm anzubieten; das dazugehörige Jahresprogramm enthält Veranstaltungen zur Bildung zur Nachhaltigkeit, zu klassischen Naturthemen und zahlreiche Workshops in der Region Augsburg. Ein weiterer Schwerpunkt der Vereinsarbeit ist die Vernetzung und die Qualifizierung der Akteure in der Region.

Roswitha:

Was bedeutet NANU?

Sabine:

NANU ist die Abkürzung für das Netzwerk Augsburg für Naturschutz und Umweltbildung.

Roswitha:

Anna und Sabine, ihr seid von Anfang an beim NANU! e.V. tätig. Wie seid ihr dazu gekommen?

Anna:

Da ich seit vielen Jahren sowohl beruflich für den Bereich Umwelt und Naturschutz im Markt Diedorf zuständig bin und mich dazu ehrenamtlich auch auf diesem Gebiet engagiere, bin ich damals der Einladung von Dr. Norbert Stamm von der Lokalen Agenda Augsburg und Nicolas Liebig vom Landschaftspflegeverband Stadt Augsburg e.V. mit großem Interesse gefolgt. Die beiden hatten eingeladen, um etwas »Gemeinsames« zu schaffen, z.B. ein Netzwerk für haupt- und ehrenamtliche Umweltbildner. Bei diesem Treffen wurde dann im Dezember 2003 das Netzwerk gegründet und ein erstes gemeinsames Veranstaltungsheft beschlossen. Einige aus dem aktiven Kreis kümmerten sich dann

weiter um das jährliche Veranstaltungsheft. Aus dem »losen« Netzwerk entwickelte sich zum einen der Verein, mit mir als Vorsitzende, und als professionelle Anlaufstelle wurde zum anderen die Umweltstation Augsburg 2007 gegründet.

Sabine:

Seit der Gründung der Umweltstation Augsburg bin ich beim Landschaftspflegeverband Stadt Augsburg e.V., der Träger der Umweltstation Augsburg ist, angestellt. Seitdem begleite ich auch die Umweltbildungsarbeit und betreue die Akteure.

Roswitha:

Was ist euch wichtig beim NANU! e.V.?

Anna:

Netzwerken, eine Hauptaufgabe des Vereins, ist heute mehr denn je notwendig. Hierzu fällt mir eine Metapher ein: Ein Netzwerk ist ein Dorf mit vielen Hütten. In der Mitte ist ein Dorfplatz. Hierher kommt man beladen mit Fragen und Sorgen und trifft auf Dorfbewohner, die einen verstehen, unterstützen und beraten.

Roswitha:

Viele sind ja schon der Meinung, dass sie die Umwelt schützen müssen, wissen aber gar nicht, dass es euch gibt. Wie geht ihr damit um?

Anna:

Kreativ! Wir bieten Veranstaltungen im Dreiklang mit Kopf, Herz und Hand an, suchen Anknüpfungspunkte zum Lebensumfeld der Teilnehmer und versuchen ins Gespräch zu kommen. Die Menschen, die in der Stadt leben, gestalten ihr Umfeld durch ihr Handeln. Daher ist es wichtig, ihnen durch Bildungsprogramme erlebbar zu machen, was erhaltenswert und schützenswert ist. Das alte Motto »Nur was du kennst, schützt du!« gilt immer noch.

Sabine:

Erfreulich ist es, dass wir beginnen bei Sponsoren Aufmerksamkeit zu erfahren. So konnten wir die ersten regionalen Projekte umsetzen und das NANU-Jahresprogramm finanzieren.

Roswitha:

Wie sieht eure Arbeit über das Jahr aus?

Sabine:

Im Winter organisieren wir das Jahresprogramm mit ca. 300 Veranstaltungen von Verbänden und Einzelpersonen. Im Frühjahr erstellen wir unter dem Slogan »NANU tischt auf« Rezeptpostkarten wie z.B. Rezepte mit Blüten, Beeren, Kräutern oder Pilzen, die auf unserer Homepage zum Download stehen. Im Sommer betreuen wir Infostände in der Stadt und im Landkreis

Augsburg und setzen regionale Projekte um. Über das Jahr finden neben der Mitgliederversammlung regelmäßig NANU-NetzwerkTreffen, maximal zwei Fortbildungen und ein Weihnachtsworkshop für Mitglieder und Interessierte statt.

Anna:

Alle Aktionen und Projekte, die Sabine genannt hat, werden meist vom Vorstand von der Idee bis zur Umsetzung entwickelt und mit in die Tat umgesetzt. Dazu gehört auch die Akquise von Geldern und wir sind natürlich froh über jede Spende, die wir für unsere Arbeit erhalten. Hinzu kommt eine Öffentlichkeits- und Gremienarbeit.

Roswitha:
Über was freut ihr euch?

Anna:

2017 feiern wir unser 10-jähriges Vereinsbestehen; mich freut die Konstanz und die Entwicklung des Vereins mit derzeit 150 Mitglieder.

Sabine:

Dass wir bei diesem Kochbuch mitwirken können! Dies ist u. a. eine tolle Möglichkeit von unserer Idee »NANU tischt auf« zu erzählen.

Roswitha:
Was wünscht ihr euch für die Zukunft?

Sabine:

Ich wünsche mir auch zukünftig weiterhin ehrenamtliche Unterstützung und eine weitere Vernetzung der Akteure untereinander. Wir laden alle Interessierten ein auf unsere Homepage www.nanu-augsburg.de zu schauen und uns bei einer unserer vielfältigen Veranstaltungen kennenzulernen.

Anna:

Für die Zukunft in Augsburg wünsche ich mir ein Umweltbildungshaus mit viel Platz für alle Aktiven, die sich im Umweltbildungsbereich und mit Bildung für Nachhaltigkeit beschäftigen und einen Ort der Entfaltung brauchen, und dann natürlich weiterhin ein langes, vielfältiges und buntes Vereinsleben. Und nicht zuletzt, dass den Leser*innen unser eigens entwickeltes Rezept schmecken wird.

NANU! e.V.
Anna Röder, 1. Vorsitzende
Geschäftsstelle NANU! e.V.
Dr.-Ziegenspeck-Weg 10 | 86161 Augsburg
www.nanu-augsburg.de
info@nanu-augsburg.de

ROTE-BEETE-SALAT

für 4–6 Personen

Rote Beete

500 g Rote Beete

1. Rote Beete mit der Schale ca. 45–60 Minuten weich kochen.
2. Dann schälen und dünne Scheiben hobeln.

Zucchiniröllchen

1 kleine Zucchini
Olivenöl
Zitronensaft
Salz, Pfeffer
frische Thymianblätter

1. Zucchini mit einem Hobel längs in dünne Scheiben schneiden.
2. In Olivenöl beidseitig kurz anbraten und mit Zitronensaft ablöschen.
3. Mit Salz und Pfeffer würzen.
4. Mit den Thymianblättern bestreuen.
5. Anschließend die Röllchen wickeln.

Kräutercreme

100 g Soja Topfen
1 TL Sojaöl
1 TL Rapsöl
1 EL Wasser
3–4 Radieschen
handvoll Kräuter (z.B. Fenchelkraut, Schnittlauch, Petersilie, junger Löwenzahn, junger Giersch und Gundermann)
Salz, Pfeffer
Zucker
Zitronensaft

1. Topfen mit etwas Öl und Wasser verquirlen.
2. Mit Salz, Pfeffer, Zucker, Zitronensaft abschmecken.
3. Die Radieschen in sehr kleine Stücke schneiden, die Kräuter fein hacken.
4. Beide Zutaten in die Creme unterheben.

Alles mit etwas Balsamicoessig-Creme beträufeln.

ORANGERIE
e.V.

Seit 2010 gibt es den eingetragenen Verein. Ziel ist es, der Augsburger Kunst- und Kulturszene eine größere Öffentlichkeit und ihren Akteuren eine Infrastruktur zu bieten, um unkompliziert Projekte und Veranstaltungen realisieren zu können.

Roswitha:

Es gab vor einigen Jahren schon mal eine Initiative mit dem Namen Orangerie.

Oliver:

Die erste Orangerie war ein Experiment. Studenten der Fakultät Gestaltung der HS Augsburg trafen sich regelmäßig am Donnerstag, um sich gegenseitig ihre Arbeiten zu zeigen, darüber zu sprechen und auch das eine oder andere Bier zu trinken. Es war immer viel los. Als der Ärger mit den Anwohnern zu groß wurde, musste das Projekt erst mal eingestellt werden.

In meiner Abschlussarbeit habe ich das ganze in ein neues Konzept gegossen und wir haben der Sache einen gesetzlichen Rahmen gegeben, indem wir den gemeinnützigen Verein gegründet haben. Gründungsmitglieder waren Alumni, Studenten und Professoren der Hochschule Augsburg, ehemalige Orangerie-Aktivisten, Künstler und Kulturschaffende in Augsburg.

Roswitha:

Du musst mir noch erklären, wie ihr auf den Namen »Orangerie« gekommen seid.

Oliver:

Das stammt noch aus der Anfangszeit. Die Studenten der Fakultät Gestaltung trafen sich in einem kleinen ehemaligen Blumenladen. Der Name sollte Prunk darstellen und Größe, als ironisches Gegenstück zu dem kleinen einfachen Ladenlokal.

Seit der Neugründung haben wir keinen festen Standort mehr. Stattdessen werden temporär leer stehende Gebäude angemietet, manchmal auch für zwei bis vier Monate als Zwischennutzung. Dort können wir dann viele verschiedene Veranstaltungen anbieten, z.B. Poetry Slam, Ausstellungen usw. im wöchentlichen Wechsel.

Roswitha:

Wie findet ihr denn die passenden Locations?

Oliver:

Wir schwärmen aus und suchen Objekte in bestimmten Planquadraten. Anfangs war es schwierig, Miete zu zahlen, denn wir waren mit Null gestartet. Über den Bierverkauf (lacht) war es dann immer möglich, die Unkosten zu decken. Alle Mitglieder sind Freiwillige, für Veranstaltungen brauchen wir zusätzlich viele ehrenamtliche Helfer. Alle bringen viel Ausdauer mit. Wir haben alle eine Vision, die uns antreibt.

Roswitha:

Was macht eure Einzigartigkeit aus?

Oliver:

Wir sind der einzige junge Kunstverein, der rein ehrenamtlich arbeitet, und auch das temporäre Konzept ist für Augsburg einzigartig. Unsere Veranstaltungen sind nicht nur in Augsburg, sondern für Augsburg, dienen als Plattform für Künstler um auszustellen. Sie sind Raum für Polykultur, wo sich unterschiedliche Kunstformen entfalten können.

Auch Künstler aus anderen Teilen der Welt sind willkommen. Wir möchten Augsburg zu einem Kulturzentrum machen, das auch über die Grenzen der Stadt hinaus wirkt. Ein Netzwerk aufzubauen für Kreative ist unser Anliegen. Die Zauberformel heißt: Alles menschlicher machen!

Roswitha:

Die größte Veranstaltung bisher war das Festival »Asche zu Farbgut«.

Oliver:

Veranstalter im Gaswerk sind die Stadtwerke, die Orangerie hat das Grundkonzept geliefert und das Festival koordiniert. Darüber hinaus waren wir für das Musik-Booking verantwortlich, gestalteten das Außengelände, kuratierten Medien- und Performance-Künstler und haben zusammen mit dem »CityClub« die Partys geschmissen. Beteiligt waren aber auch noch andere Initiativen, z.B. »Die Bunten«, »38/40« und »In your face«. Die Künstler waren von der Location so begeistert, dass alle Lust haben, es noch mal zu machen. Es gab insgesamt viel positives Feedback und war damit ein toller Erfolg, auch wenn nur halb so viele Besucher da waren als erwartet, weil es das ganze Wochenende geregnet hat. Ein Festival macht Kunst eben neu erlebbar; es ist ein Versuch, Kunst aus ihrem sonst so steifen Rahmen zu heben.

Roswitha:
Was hat dein Einsatz dir gebracht?
Oliver (lacht):
Graue Haare! Nein, im Ernst: Es ist immer schön zu sehen, wenn es funktioniert. Ich freue mich vor allem auch, wenn Besucher ein positives Erlebnis haben. Schön für uns ist, wenn das Konzept aufgeht. Aber im Grunde genommen sind wir ins kalte Wasser gesprungen – und haben schwimmen gelernt. Ich habe also bei dem Festival sehr viel gelernt, um im nächsten Jahr vielleicht ein graues Haar weniger

zu bekommen. Für die Zukunft haben wir ein Problem: Wir haben sehr viele verschiedene Ideen, die wir alle unter einen Hut bringen wollen. Zusammengefasst kann man sagen, dass wir wieder sesshaft werden wollen und wir da an verschiedenen Konzepten arbeiten, um das auch finanziell zu realisieren.

Orangerie e.V.
www.orangerie.cc
oliver-haussmann@orangerie.cc

PILZBROT

150 g Pilze
(frische Kräuterseitlinge, Steinpilze,
Pfifferlinge, Maronen)
50–75 g Butter
1 Knoblauchzehe
2 Scheiben frisches Brot
Schnittlauch
Salz

1. Die Pilze säubern (nicht waschen, da sie sich sonst mit Wasser vollsaugen) und grob zerkleinern.

2. Schnittlauch schneiden und beiseite stellen.

3. In einer großen Pfanne die Butter erhitzen. Knoblauch und Pilze zugeben und mit viel Hitze die Pilze portionsweise kurz anbraten. Wichtig ist, dass nicht zu viele Pilze in der Pfanne sind, da sonst das Wasser, das beim Anbraten aus den Pilzen dringt, nicht schnell genug verdunstet und die Pilze anfangen, in ihrem eigenen Saft zu kochen.

4. Mit etwas Wasser ablöschen und kurz einköcheln lassen, bis das Wasser größtenteils verdunstet ist.

5. Die Pilze aus der Pfanne nehmen und warm stellen.

6. Etwas Butter in die Pfanne geben und die Brotscheiben ebenfalls kurz und heiß von beiden Seiten anbraten.

7. Die Pilze gleichmäßig auf den Brotscheiben gleichmäßig verteilen und Schnittlauch sowie Salz nach Geschmack darüberstreuen.
Guten Appetit!

ROCKING THE BAROQUE

Mit Esprit, Kreativität und Liebe zum Detail wird antikes Mobiliar renoviert. Die Möbel sind individuelle Einzelstücke, die in Handarbeit liebevoll restauriert werden. Schwierige Aufgaben sind Herausforderung, auch bei Möbeln nach Kundenwunsch ...

Roswitha:
Wenn ich dich jetzt frage, wie es angefangen hat, was sagst du dann?
Irek:
No, mit dir (lacht)! Ich war mit meinen Kindern aus Polen gekommen, hatte eine Ausbildung als Ingenieur und eine Arbeitsplatzzusage. Obwohl so viele Ingenieure in meiner Branche fehlten, bekam ich keine Arbeitserlaubnis. Zuhause bleiben, Sozialgeld nehmen, das war nichts für mich, ich wollte arbeiten. Du hast mir als alleinerziehendem Vater mit dem 1-€-Job eine Chance gegeben, erst als Fahrer und auch als Aushilfskoch bei contact. Später konnte ich mich mit Möbelaufarbeitung vertraut machen, weil du jemand gebraucht hast, der die neue Sparte anleitet. Es war ein ganz neues Gebiet für mich. Zusammen mit Bini hatte ich die Leitung der Arbeitsgruppe in der alten Villa gegenüber der City-Galerie. Das war eine Zeit, in der wir sehr viel ausprobieren konnten und uns viel aneigneten. Aber wir wussten, dass es nur eine Zwischennutzung des schönen alten Gebäudes geben würde, bis zum Abriss. Den Umzug von contact nach Haunstetten machte ich zwar noch mit, aber dann wagte ich den Schritt in die Selbstständigkeit. Wir konnten in Lechhausen ein altes Häuschen von der Stadt mieten, mit

einem Werkstattraum im Erdgeschoss. Oben konnte ich nach größeren Renovierungsmaßnahmen mit meinen Kindern wohnen, sodass ich immer für sie da sein konnte, wenn sie mich brauchten. Die harte Arbeit war kein Problem, aber der Stress mit den vielen Papieren. Nach neun Monaten hatte ich geschafft, was mir wichtig war: vom Jobcenter weg zu kommen, mich und meine Kinder selbst durchbringen zu können. Wie immer in meinem Leben kam dann aber die nächste Herausforderung: Die Stadt wollte das Haus verkaufen, in das ich schon so viel Mühe und Geld investiert hatte, damit es überhaupt bewohnbar war. Also kaufen oder raus. Ich war verzweifelt, denn ich wusste, dass wir etwas ähnlich Geeignetes zu einem bezahlbaren Preis nicht finden würden. Wieder einmal suchte ich bei dir Rat und Hilfe.

Roswitha:

Meine Antwort: »Dann musst du es eben kaufen.« Deinen Blick vergesse ich nicht: »Mit was denn?« »Bestellung beim Universum« war mal wieder meine Antwort.

Irek:

Ich war so skeptisch, aber es funktionierte auch dieses Mal. Wir konnten mit Hilfe zweier Darlehen, eins von Bini, eines von contact, das Haus kaufen und das Grundstück in Erbpacht übernehmen. Der Schritt war nicht leicht, aber jetzt war es unser Haus und unsere Werkstatt und damit noch mal eine andere Basis! Im weiten Umkreis fahre ich und suche geeignete Stücke, originale Materialien, Beschläge. Bis ein Stück fertig ist, stecken wir viele Arbeitsstunden in jedes Möbel. Wir sind auch nach wie vor immer auf der Suche nach neuen Techniken, um das schönste Ergebnis zu erzielen. Aber nachdem jetzt beide Kinder aus dem Haus sind und studieren, kann ich meine Zeit frei einteilen. Das genieße ich. Von 6–22 Uhr kann ich jederzeit Kaffee machen, in die Werkstatt gehen oder auch in den Garten. Die Ausbauten und Umbauten am Haus sind auch noch nicht ganz abgeschlossen. Arbeit gehört zu meinem Leben, von nix kommt nix! Immer habe ich alles gemacht, damit es weitergeht. Stolz bin ich auf die neuen Ausstellungsräume in der Wankstraße. Auch da steckt viel Mühe und Arbeit drin. Das ist eine gute Ergänzung zu unserer Internetseite. Wenn wir jetzt im Sommer Samstagnachmittag von 12–16 Uhr dort geöffnet haben, kommen öfter mal Kunden auch von weit her und interessieren sich für die schönen alten Stücke. Danach ist Fußball angesagt. Urlaub können wir uns inzwischen auch leisten. Meine Liebe gehört zur

Zeit dem Land Portugal, aber auch nach Polen reise ich ab und zu, nicht nur weil meine Eltern dort noch leben.

Roswitha:

Roswitha:

Das, was du für uns gekocht hast, hat mit deiner Familie etwas zu tun.

Irek:

Żurek – so heißt er in Oberschlesien – oder Barscz biały in Zentralpolen, wo ich herkomme, ist ein traditionelles polnisches Gericht. Als Kind habe ich erlebt, wie meine Großmutter Żurek für die Männer auf dem Bauernhof zum Frühstück vor der Feldarbeit kochte. Babcia (Oma) stand um etwa drei, halb vier Uhr morgens auf. Auf dem Holzherd erhitzte sie Wasser, gab eingekochte Schweinerippchen dazu – davon gab's immer mehrere Gläser als Vorrat, weil die Bauern ja selbst schlachteten und das Fleisch zum Haltbarmachen einweckten. Die wurden gekocht, zum Schluss kam eine großzügige Portion Sauerteig hinein, der zum Brotbacken immer zur Verfügung stand. Bis die Männer ungefähr eine halbe Stunde nach ihr aufstanden, stand die Suppe auf dem Tisch. Zum Żurek nahmen die Bauern Kartoffeln oder Brot und natürlich harte Eier.

Roswitha:

Das hört sich sehr rustikal an, aber wir konnten uns davon überzeugen, wie lecker das ist.
Lass mich noch hören, was dir »Rocking the baroque« gebracht hat und was ihr euch noch wünscht.

Bini:

Noch viele gute Ideen und die Kraft, sie umzusetzen. Und dass sich die Leute an unseren Sachen freuen!

Irek:

Vorher war mein Leben ganz anders. Aber es macht Spaß. Für die Zukunft will ich mir nicht viel wünschen, denn es kommt eh anders. Nur das: Keine Baustelle mehr! Und eine bessere Grammatik!

Rocking the Baroque
Königsberger Str. 46 | 86165 Augsburg
Ausstellungsraum:
Wankstr. 11
geöffnet nach Vereinbarung
www.rocking-the-baroque.de
rocking-the-baroque@online.de

ŻUREK – BARSCZ BIAŁY

Polnische Suppe mit Sauerteig

750 g Schweinerippchen
500 g geräucherte Wurst
(am Besten vom polnischen Hersteller)
Eier
Kartoffeln
Dill
optional Suppengrün
Knoblauch
2 l Wasser
Gemüsebrühwürfel
Pfeffer
flüssiges Sauerteigkonzentrat (im Fläschchen
aus dem polnischen oder russischen Laden)
Zum Garnieren und Würzen: ein paar Stängel
Petersilie, Meerrettich, saure Sahne

1. Die Schweinerippchen werden zerteilt, zusammen mit dem Wasser und der Brühe aufgekocht, mit etwas Pfeffer gewürzt und ca. 1 Stunde lang gekocht. Anschließend fügt man den flüssigen Sauerteig hinzu. Die Rippchen herausnehmen und die Knochen entfernen, das Fleisch wieder in den Żurek geben. Nun werden die Würste in große Stücke geschnitten und in der Suppe erhitzt.

2. Inzwischen hat man auch Salzkartoffeln und harte Eier gekocht. Zu den Kartoffeln kommt frischer gehackter Dill.

3. Zum Servieren füllt man den Teller mit der fertigen Suppe, gibt etwas von dem Fleisch und der Wurst mit hinein, außerdem ein halbiertes gekochtes Ei.
Zum Schluss je noch ein Löffelchen Meerrettich und saure Sahne sowie etwas gehackte Petersilie.

Die Kartoffeln mit Dill nimmt jeder selbst zur Suppe – man darf sie auch im Żurek vermantschen!

SKM

Katholischer Verband für soziale Dienste e.V. Augsburg

Der SKM ist Mitglied im Caritasverband für die Diözese Augsburg e.V. Seine Hilfsangebote sind offen für alle Bedürftigen, insbesondere arbeitslose, wohnungslose und straffällige Menschen.

Roswitha:

Knut, dass es unseren Verein und das Sozialkaufhaus contact gibt, ist darauf zurückzuführen, dass du 1994 einen Abend zur Zehnjahresfeier der Wärmestube gestaltet hast, wo du um neue freiwillige Mitarbeiter für die Essensausgabe am Sonntag geworben hast. Mein Mann und ich waren davon so angetan, dass wir seitdem dort tätig waren, bevor ich Emmaus in Augsburg gründete und später contact in Augsburg e.V.

Knut:

Unsere Einrichtung ist ein Fachverband der Caritas und wurde 1983 auf ehrenamtliche Initiative in Zusammenarbeit mit einem

hauptamtlichen Sozialarbeiter gegründet. Ziel des Vereins ist es, einen Beitrag zu einer solidarischen und gerechten Gesellschaft zu leisten. Die Wärmestube wurde am 18.12.1984 eröffnet. Am ersten Tag waren gerade mal drei Leute da. Stefan Hof war der erste Sozialarbeiter. Als er nach fünf Jahren aufgehört hat, war ich gerade mit dem Studium der Sozialpädagogik fertig. Ich habe mich beworben, dachte aber, ich hätte als Protestant keine Chance. Wider Erwarten bekam ich die Stelle und bin seit 1.1.1990 dabei!

Roswitha:
War es das, was du immer machen wolltest?
Knut:
Ich hatte im Studium den Schwerpunkt Resozialisierung und in die Reso-Ecke hat es mich schon immer gezogen. Damals hätte ich aber nicht gedacht, dass ich in der Wärmestube bleiben würde. Es waren so Gedanken da, noch Jura zu studieren, vielleicht wäre ich ja ein guter Anwalt geworden! Gehalten hat mich, dass ich meinen Aufgabenbereich immer selbst gestalten konnte, dass ich mich bestätigen und auch meine Vorliebe für Kunst und Kultur einbringen konnte. Projekte wie »Künstler helfen Obdachlosen« und der Laden »Collage« sind Ausdruck dafür. Seit einiger Zeit kann ich auch wöchent-

lich neun Stunden Streetwork machen, also wirklich mit dem Bus rausfahren und mich um Obdachlose auf der Straße kümmern. Im Winter machen das auch zusätzlich Ehrenamtliche unseres Vereins.

Roswitha:
Wenn ich heute in die Wärmestube schaue, sehe ich teilweise immer noch bekannte Gesichter von damals.
Knut:
Es gibt natürlich ein Stammpublikum, Leute, die jahrelang kleben bleiben. Andere brauchen nur kurze Zeit Hilfestellung, Zusammenarbeit, bis ihr Leben wieder in normalen Bahnen läuft. Ab und zu kommen Leute, geben Kleidung ab, weil ihnen früher hier geholfen wurde. Andere sind eine Weile da, dann sind sie weg, dann kommen sie wieder. Intensiver ist der Kontakt natürlich immer dann, wenn er nicht nur einen Zehner will und dann wieder weg ist. Manches geht sehr zäh! Man braucht viel Geduld und Spucke und eine dicke Haut. Die habe ich mir zugelegt, sonst würde es nicht gehen. Die Fälle nehme ich nicht mehr mit nach Hause – nur noch manchmal.

Roswitha:
Wie sieht deine Arbeit so aus?

Knut:

Ich bin die Erstaufnahmestelle. Dann wird sortiert. Insgesamt sind es inzwischen sechs Sozialarbeiter, die verschiedene Aufgaben haben. Die Straffälligenhilfe ist ein Teil davon. Wohnungen für Haftentlassene im Haus gab es immer schon. Später nahmen wir auch Menschen auf, die nicht aus der Haft kamen. Im Haus gibt es 15 Wohnplätze in Wohngruppen. Die Wohnungsnot in Augsburg ist aktuell unser größtes Problem. Aus dem Grund kommen auch verstärkt Flüchtlinge zu uns. Der SKM gründete deshalb eine neue Abteilung »ANEA«, die sich in Zusammenarbeit mit der Stadt Augsburg speziell den Schicksalen der Flüchtlinge widmet. Viele Obdachlose kommen aber auch aus Rumänien und Bulgarien.

Roswitha:

Nach wie vor gibt es nicht nur Beratung, sondern auch Essen in der Wärmestube, die Leute können duschen und Wäsche waschen.

Knut:

Ja – und bei all den Aufgaben hilft uns der neu gegründete Förderverein und nach wie vor die Ehrenamtlichen. Im Laufe der Jahre konnten wir auch etliche zusätzliche Projekte auf die Beine stellen: Seit Oktober 2012 läuft im Laden gegen-

über das Aktivcenter ZuKo, eine Maßnahme zur Aktivierung und beruflichen Eingliederung von Langzeitarbeitslosen. In Arbeitsprojekten, den sogenannten Projekt-AGHs, werden Langzeitarbeitslose durch eine feste Tagesstruktur, Teamwork und Schulungen an den ersten Arbeitsmarkt herangeführt. Seit Anfang 2013 gibt es das Mobile Einsatzteam (MET). Sie machen Wohnungsräumungen und Renovierungen.

Roswitha:

Das klingt alles so, als ob du doch zufrieden bist mit der Entscheidung, beim SKM zu bleiben.

Knut:

Im großen und ganzen hat alles so funktioniert, wie ich es mir erhofft habe. Sehr wichtig war immer die gute Zusammenarbeit mit Kolleginnen und Kollegen, Vorgesetzten und Vorständen. Wenn es doch mal Probleme gab, half mir Ausdauersport, der mir leider nun nicht mehr möglich ist.

SKM Katholischer Verband für soziale Dienste e.V. Augsburg
Klinkertorstr. 12 | 86152 Augsburg
www.skm-augsburg.de
infopoint@skam-augsburg.info

RUMFORD-SUPPE

für 4 Personen

150 g getrocknete Erbsen
40 g Graupen
1 ½ l Fleischbrühe
½ Petersilienwurzel
1 Stück weißes vom Lauch
1 Karotte
1 Zwiebel
1 EL Mehl
2 EL Butter
1 Kartoffel
1 Stück Speck
Salz, Pfeffer

1. Die getrockneten Erbsen nach Beschreibung einweichen und danach noch im Einweichwasser etwa 1 Stunde lang weich kochen.
2. Als nächstes separat 1 Liter der Fleischbrühe erwärmen und die Graupen bei mittlerer Hitze darin kochen, bis sie gar sind.

3. Das Wurzelgemüse und die Zwiebel schälen, den Lauch putzen. Das Gemüse in feine Stücke schneiden und in einer Pfanne anschwitzen.
4. Die Kartoffel schälen und in Würfel schneiden. Alles in die Suppe geben und mitkochen.
5. Sobald die Erbsen weich gekocht sind, werden sie durch ein feines Sieb in die Suppe passiert.
6. Die übrige Fleischbrühe erwärmen.
7. Für eine Mehlschwitze die Butter in einem Topf schmelzen, das Mehl vorsichtig hinzugeben und bei mittlerer Hitze anschwitzen. Die Mehlschwitze nach und nach mit der übrigen Fleischbrühe aufgießen und kräftig mit einem Schneebesen verrühren. Anschließend zur Suppe hinzugeben.
8. Den Speck fein würfeln und in einer Pfanne knusprig anbraten. Beim Servieren wird der Speck in die Suppe gegeben.

TAUSCHRING LETS
Augsburg

LETS ist ein Tauschring, wo jedes Mitglied seine eigenen Talente anbieten kann. Es gibt eine Internet-Plattform und eine Marktzeitung, in der Angebote und Gesuche der Teilnehmer veröffentlicht werden. Durch die zentrale Verrechnung ist es möglich, dass nicht nur zwei Personen direkt, sondern alle mit allen tauschen können.

Roswitha:

Martina, Gisela, was bedeutet die Abkürzung LETS und wie ist der Tauschring in Augsburg organisiert?

Martina:

LETS heißt Local Exchange Trading System. Es kommt aus Kanada als Alternative zum Geldsystem. Es ist eine erweiterte Nachbarschaftshilfe. Abgerechnet wird in »Talenten«, wobei eine Stunde Lebenszeit 20 Talenten entspricht. Wir haben das Cyclos-Programm zum Buchen.

Gisela:

Den Tauschring in Augsburg gibt es jetzt seit 19 Jahren. Laut unserer Datei sind wir zahlenmäßig mittlerweile auf über 1000 Mitglieder gewachsen, davon sind derzeit ca. 420 aktiv. Unser Teamtreffen ist einmal im Monat, es kann jeder dazukommen. Schön ist, dass inzischen über den RTR Ressourcen Tauschring bundesweit getauscht werden kann.

Roswitha:
Was ist für euch beide das Besondere an LETS ?
Gisela:

Ich konnte hier lernen, Hilfe anzunehmen, was mir anfangs sehr schwer fiel. Durch die Bürodienste, die ich regelmäßig für den Tauschring gemacht habe, haben sich schnell Talente angesammelt. Aber dann musste ich umziehen und habe dabei Hilfe durch LETS-Mitglieder bekommen, und so war schnell mein Guthaben wieder aufgebraucht!

Martina:

Manche haben viel zu geben und nehmen die Talente anderer Mitglieder nicht in Anspruch. Oder umgekehrt: Manche nehmen nur und geben nichts. Beim Ausscheiden sollten Minuskonten aber ausgeglichen sein. Jede Stunde Lebenszeit, die eingesetzt wird, ist gleich viel

wert, egal ob Computer- oder Haushaltshilfe, etc. Dieser Gedanke erfreut mich sehr. Es ist schön, Hilfe anzubieten und zu erhalten. LETS ist durch seine vielseitigen Angebote und Nachfragen sehr spannend!

Gisela:

Jeder Mensch hat Talente. Wenn gesagt wird: »Ich weiß gar nicht, was ich anbieten soll!« dann kann durch LETS bewusst gemacht werden, dass jeder etwas oder sogar sehr vieles kann. Mich motiviert der Gedanke, durch Nachbarschaftshilfe und Gemeinschaft Ressourcen zu aktivieren und auch zu schonen, z.B. durch Aktionen wie die Kleidertauschbörse, die Jungpflanzenbörse, die Solidarische Landwirtschaft usw.

Roswitha:
Was hat LETS für euch persönlich gebracht,
was wünscht ihr euch?
Gisela:

Viele Kontakte zu netten Menschen. Ich kann mein Organisationstalent ausleben und werde in Situationen, in denen ich nicht so viel Talent habe, unterstützt. Sehr schön finde ich, dass sich Leute Dinge anschaffen können, die sie sich mit gewöhnlichem Geld nicht leisten können.

Martina:

Auch ich habe durch LETS viele neue Bekannte und Freunde gewonnen. Ein Wunsch ist es mir, Flüchtlinge mehr zu integrieren. In den Menschen mit Fluchterfahrung liegt so viel Potenzial, sie haben Zeit und viele Fähigkeiten. Wir haben aber auch einen Solidaritätsfond.

Roswitha:
Was sind die besonderen Momente für euch?
Martina:
Mir haben die Vorbereitungen zum diesjährigen Sommerfest große Freude gemacht – und die neueste Marktzeitung in Händen halten zu können!
Gisela:
Die Kleidertauschbörse »Stoffwechsel«, die von einer Idee zum Selbstläufer wurde!

Tauschring LETS Augsburg
Ernst-Reuter-Platz 1 | 86150 Augsburg
im Mehrgenerationen-Treffpunkt
in der Stadtbücherei, 3. OG
lets-augsburg@gmx.de

SPECKKNÖDELSUPPE

12 Knödel

7 Semmeln einen Tag trocknen lassen

125 g geräucherten Speck

4 Eier

1 große Zwiebel

20 g Butter

250 ml Milch, bei Bedarf etwas mehr

3 EL Mehl, bei Bedarf etwas mehr

1 Bund Petersilie

Salz, Pfeffer

Schnittlauch (etwas zum Garnieren zurücklegen)

3 l Fleischsuppe

1. Die Semmeln erst in Scheiben, dann in Stifte schneiden, noch mal einen Tag (auf ausgelegtem Papier) trocknen lassen.

2. Dann in eine Schüssel geben, den Speck in Würfel schneiden und auf die Semmeln geben.

3. Zwiebel klein hacken und in der Butter glasig andünsten.

4. In der Zwischenzeit die Eier mit der Milch verquirlen, salzen und nach Geschmack pfeffern, Petersilie klein hacken und untermischen, alles zusammen über die Semmeln gießen.

5. Alles grob vermischen und eine halbe Stunde ziehen lassen.

6. Dann das Mehl, noch mal etwas Salz, die abgekühlten, gedünsteten Zwiebeln und eventuell noch etwas Milch zugeben. Alles gut vermischen.

7. Mit nassen Händen oder zwei Löffeln aus der Masse Knödel formen und in kochendes Salzwasser geben, dann die Herdplatte zurück schalten und bei mäßiger Hitze ca. 30 Minuten ziehen lassen.

8. Vorher sollte man eine kräftige Fleischsuppe vorbereitet haben, in die man dann die Knödel gibt; alles zusammen kurz aufkochen und mit Schnittlauch bestreut servieren.

ÜBERGEPÄCK EINES FLÜCHTLINGS
e.V.

Es begann als kleine private Hilfsinitiative, um Menschen mit Fluchthintergrund in Augsburg direkt und unbürokratisch mit den Dingen des täglichen Bedarfs zu unterstützen. Inzwischen sind daraus gezielte, langfristige Unterstützungsprogramme geworden.

Roswitha:

Maria, du hast im November 2014 mit einer ganz privaten Sachspendensammlung angefangen. Was war dein Beweggrund?

Maria:

Das war eine Reaktion auf meine Handlungsunfähigkeit gegenüber meiner eigenen Familie. Ein Teil lebt in Syrien im Kriegsgebiet. Für die kann ich vor Ort nichts tun, also wollte ich wenigstens hier helfen. So bin ich, ohne weiter darüber nachzudenken, einfach in die Gemeinschaftsunterkünfte reingelaufen. Der direkte Draht war mir wichtig. Und: Wie kann ich den Augsburgern ein Gefühl dafür vermitteln, wie es ist, eine Fluchtsituation zu durchleben? Mit einem ganz einfachen Video auf Facebook wollte ich

Nähe zur Geschichte der »Anderen« schaffen. Lange habe ich nach dem passenden Namen für mein Tun gesucht. »Übergepäck eines Flüchtlings«: Das stiftet bei vielen – gewollte – Irritation, bleibt hängen. Wie kann ein Flüchtling Übergepäck haben? Er hat fast nichts an Materiellem als das, was er auf dem Leib trägt. Aber er trägt das Erlebte, Geschehene mit sich, die unzähligen Erinnerungen. Das ist sein Übergepäck, das keiner sieht.

Roswitha:

Zurück zu den Anfängen. Wie ich es nicht anders erwartet hatte, haben dich die hilfsbereiten Augsburger mit einer Unmenge an Waren überschüttet.

Maria:

Wir haben auf die Situation so reagiert, wie sie war. Mit vielen freiwilligen Helfern konnten wir die Sachspenden sortieren, verladen und direkt aus den Fahrzeugen heraus in den Gemeinschaftsunterkünften verteilen.

Roswitha:
Warum machst du das?
Maria:

Die Frage stellt sich mir nicht. Für gewisse Handlungen gibt es keine Erklärung, aber ein Bewusstsein für das eigene Handeln. Es ist eine Angelegenheit zwischen Herz und gesellschaftlicher Verantwortung. Ich kann das nicht ablegen. Bis heute habe ich es nicht geschafft, die Distanz zu wahren zwischen den erlebten Geschichten jener Menschen und meiner Bereitschaft zu helfen. Mich hat die Aussage eines Geflüchteten nicht losgelassen: »Meine Gedanken werden immer lauter in diesem Raum und ich habe niemanden, mit dem ich mich austauschen kann.« Sachspenden alleine reichen nicht aus. Der Kontakt »nach außen« fehlt – wie es ein Geflüchteter erschreckend formuliert hat. So kam es zu einem Besuch im Zoo, einem Tag auf dem Plärrer, einer BBQ-Session im Sommer, der Aktion »Kultur verbindet Kulturen« mit dem »Stadttheater Augsburg« u. v. m. Dank Spendern und Multiplikatoren, die uns verstanden haben. Zwischen Studium und Arbeit kostet uns das Kraft. Aber am Ende so eines Tages eine Mutter hören zu dürfen, die einem sagt: »Danke, dass ihr meine Kinder für einen Tag aus dem Ghetto geholt habt, das war wie ein Tag Urlaub«, gibt auch wieder Kraft.

Roswitha:
Und dann kam der Herbst 2015! Hast du gleich gemerkt, wie viel das werden wird?
Maria:

Die Riesennummer! Ich dachte mir, dass viel auf uns zukommt, aber nicht so viel! Der Heimleiter in Göggingen rief mich an: 46 Neuankömmlinge, ohne Schuhe und mit zerrissener Kleidung! Wir konnten spontan helfen.

Aber ich hatte die Stimmung gleich wahrgenommen, als es losging. Mir war klar: Das muss groß werden. Fünf Garagen in Göggingen wurden uns für acht Wochen zur Verfügung gestellt. Viele Helfer – und wir wollten dort sortieren und dann gleichmäßig verteilen. Das war unser Plan. Dass wir derart überhäuft werden würden, hatte keiner geahnt. Zum Glück war bei Sammelbeginn »RT1« da. Ich durfte sofort einen Live-Aufruf über den Sender absetzen und es kamen alle: In private Vans, LKWs von Speditionen und Hilfsorganisationen sowie in Transporter von Firmen wurden alle Sachspenden eingeladen und in das Lager einer Firma in der Ohmstraße gefahren, das ich kurzerhand klarmachen konnte. Dort sortierten wir dann wochenlang von 8 bis 22 Uhr bis über die Grenzen der Belastbarkeit. Alle halfen mit: Studenten, Flüchtlinge, ganze Schulklassen. Sogar der Oberbürgermeister kam und half mit!

Die Erstversorgung der Neuankömmlinge in Augsburg konnte so einigermaßen sichergestellt werden. Bis heute noch versorgen wir Kleiderkammern, auch wenn nicht mehr so viele geflüchtete Menschen ankommen.

Roswitha:
Dein Resümee aus dieser turbulenten Zeit?
Maria:

Es hat mich dem Leben gegenüber demütiger gemacht. Wenn ich bei diesen Menschen »zu Boden« sitze und mit ihnen esse, trinke und spreche, sind sie dazu in der Lage, mir Geborgenheit zu schenken. Sie sind Teil meines Lebens geworden, so wie ich Teil ihres Lebens sein darf. Aber ihre Geschichten gaben und geben mir auch viel Schwere mit. Ich spüre den Namen, den ich meinem Baby damals gegeben habe! Und dennoch: Die beste Quelle bleibt die Begegnung, und diese Schwere löst letztlich immer wieder diesen Aktionismus in mir aus!

Wir sind Friedensstadt und dies sicherlich nicht, weil wir uns in der Vergangenheit durch Passivität bemerkbar gemacht haben.

Integration kann funktionieren, wenn Angst und Polemik der Empathie nicht weiter im Weg stehen.

Übergepäck eines Flüchtlings e.V.
www.uebergepaeck-eines-fluechtlings.de

Mamas

BÖREKS
mit Marias Gewürz-Freestyle

1 Pck. Teig
(dreieckige Yufka-Blätter / 1 Paket ca. 18 Stück)
200 g Hackfleisch vom Rind
5 mittelgroße Zwiebeln
2 TL Salz und Pfeffer
1 Prise Muskatnuss
1 Prise Pul Biber
1 TL Paprikapulver
1 Prise Zimt
½ TL Zucker
1 Prise Koriander
1 Prise Kümmel
1 EL Öl
50 g Joghurt
1 Ei

Pul Biber ist eine Paprika-Gewürzmischung, die es z.B. im türkischen Supermarkt zu kaufen gibt.

1. Zwiebel fein würfeln und mit Öl, Zucker und Zimt andünsten.
2. Das Hackfleisch mit den Gewürzen gut vermengen und dazugeben. Zusammen etwa 5 Minuten anbraten und anschließend abkühlen lassen.
3. Joghurt und Ei in eine Schale geben und gut verrühren.
4. Die einzelnen Yufka-Blätter mit dem Joghurt/Ei-Gemisch bestreichen.
5. Ein walnussgroßes Häufchen der Hackfleischmasse an die breiteste Stelle des Teiges setzen und mit Abstand zu den Spitzen verteilen. Den Teig von der Breitseite (Spitzen links und rechts nach innen klappen) nach oben zur Spitze fest aufrollen.
6. Die Böreks auf das Backblech legen und die Oberfläche erneut mit dem Joghurt/Ei-Gemisch bestreichen.
7. Bei 180 °C für etwa 10–15 Minuten in den Backofen geben, bis der Teig eine goldbraune Farbe annimmt.

VEREIN ZUR FÖRDERUNG DER LOGOTHERAPIE & EXISTENZANALYSE

Augsburg
e.V.

Viktor E. Frankl ist Begründer der Logotherapie und Existenz-analyse. Damit half er im Konzentrationslager vielen Mithäftlingen. Heute ist die Logotherapie weltweit eine Kraft, die Menschen hilft, ihr Leben zu bewältigen und einen Sinn darin zu finden.

Roswitha:

Maria, du bist Vorsitzende des Vereins, den du in einem Alter gegründet hast, in dem andere in Rente gehen. Darüber später. Erst mal musst du erzählen, was du in den Jahren vorher ge-macht hast, denn wir haben uns vor 20 Jahren in der Wärmestube kennengelernt.

Maria:

Ich kam als junges Mädchen nach Deutschland, weil ich während meiner Philosophie-Ausbildung in Portugal ein Stipendium bekommen hatte, um in Deutschland die Sprache zu lernen und zu studieren. Ich wollte unbedingt Heidegger ken-nenlernen, weil er mein Lieblingsphilosoph ist, aber er ist gestorben, bevor ich ihn persönlich kennenlernen konnte. In Münster habe ich mich verliebt. Ich war dann dort Lektorin für portugie-sisch. Georg hat in Augsburg gearbeitet, so kam ich jung verheiratet nach Augsburg. Ich habe in der portugiesischen Mission in Augsburg als Seelsorgerin gearbeitet, Nachhilfe für portugiesische Kinder gegeben und vieles mehr.

Seit ganz langer Zeit hatte ich mich zudem um Bedürftige und Obdachlose gekümmert, nachdem ich vor vielen Jahren im Winter ein Schlüsselerlebnis hatte. Jemand erzählte mir von Obdachlosen, die vor dem Dom unter einem Vorsprung geschlafen hatten. Sie waren in ihren Schlafsäcken ganz von Schnee bedeckt, weil es in der Nacht viel geschneit hatte. Von da an stand ich viele Jahre am Samstagvormittag im Winter mit heißen Getränken, Suppe und Gebäck vor dem Dom.

Roswitha:
Doch jetzt zur Logotherapie.
Maria:

Nach dem Tod meines Mannes 1982 bin ich nach Portugal zurückgekehrt, aber nur für sechs Monate. Um die Trauer zu überwinden, half es mir besonders, dass ich die Chance hatte, in St. Ottilien an einer Tagung teilzunehmen, die von Dr. Elisabeth Lukas geleitet wurde, der Schülerin von Viktor Frankl. Das hat mich so angesprochen, dass ich Jahre später nach einem weiteren Vortrag von ihr in der Gemeinde St. Pius in

Haunstetten mit ihr gesprochen habe und bei ihr die vierjährige Ausbildung zur Logotherapie machen konnte.

Ich war danach berechtigt, selbst die Ausbildung zur Logotherapie an der Volkshochschule anzubieten, habe aber dann dort aufgehört und den Verein und die Akademie für Logotherapie und Existenzanalyse gegründet. Der Verein hat über 20 Mitglieder. Unsere Aufgabe ist es, die Logotherapie bekannt zu machen. Ausbildung, Ausstellungen, Vorträge und regelmäßige Treffen sollen dazu beitragen. Bei unseren Treffen verbinden wir immer einen Vortrag über Logotherapie mit gemeinsamem Essen und nennen das dann Logotherapie mit Genuss.

Roswitha:
Maria, was ist wesentlich an eurer Arbeit?
Maria:

Kreativität ist wichtig, Liebe zur Sache und vor allem die Überzeugung, dass es helfen kann. Das habe ich bei mir selbst erlebt. Logotherapie hat mir viel Kraft gegeben. Das gleiche spüren auch die anderen. Es kann vor allem eine Präventionstherapie sein, die den Menschen Kraft gibt, die leiden, damit sie nicht an ihrem Leid zerbrechen. Wir können sie dabei begleiten, ihre Krankheiten zu ertragen. Unsere Motivation ist es, Menschen zu helfen, weil es sinnvoll ist. Das machen wir mit Begeisterung.

Roswitha:

Maria, du sagst, dass die Logotherapie notwendig ist, weil wir in einer Zeit leben, in der so viel Sinnlosigkeit herrscht. Was hat es dir persönlich gebracht?

Maria:

Ich bin persönlich dabei gereift. Erfüllung, Menschenkenntnis, Freude hat es mir gebracht. Der Glaube hat mich durchhalten lassen. Aus dem Gebet hole ich meine Kraft, auch oder gerade wenn es mal schwierig ist. Ich bin 1944 geboren, aber ich fühle mich nicht alt. Vor der OP ja, aber jetzt nicht mehr. Bei der letzten Operation stand ich zwischen Tod und Leben. Der Arzt hat gesagt: »Sie sterben, wenn wir nicht operieren, aber Sie haben die Chance zu leben.« Wie immer hatte ich das Vertrauen, dass Gott mich trägt – und alles wurde gut.

Roswitha:

Was hat dir am meisten Freude gemacht?

Maria:

Meine Kinder und ihr Werdegang! Sie sehen meine Begeisterung, die Begeisterung meiner Studenten, das überträgt sich. Und mein Hund, mein Garten. Und ich sehe, dass ich so viele gute Freunde habe, das ist unbezahlbar. Sonst bin ich sehr zufrieden.

Roswitha:

Du hast noch eine kleine Geschichte für uns.

Maria:

Ja, vor kurzem hielt ein Auto neben mir. Ein sehr eleganter Mann sagte zu mir: »Schauen Sie mich an, Sie kennen mich. Sie haben mir den Kaffee am Dom gebracht! Ich habe dort erkannt: Mein Leben kann nicht so weiter gehen, ich muss mich ändern.« Und er hat es getan. Das trägt einen. Ich würde gern ein Buch schreiben über solche Rückmeldungen. Das sind Wunder! Aber ich schreibe so schlecht, die deutsche Sprache ist nie perfekt.

Verein zur Förderung der Logotherapie und Existenzanalyse Augsburg e.V.
www.logotherapie-in-augsburg.de
info@logotherapie-in-augsburg.de

KÜRBISSUPPE

für 4 Personen

800 g Kürbisfleisch
500 ml Kokosmilch
1 l Gemüsebrühe
1 TL Curcuma
2–3 Knoblauchzehen
1 kleines Stück Ingwer
1 EL Olivenöl
Orangenschale
Salz, Pfeffer

1. Ingwer und Knoblauch schälen, klein schneiden und mit dem Curcuma vermengen.
2. Mit der Brühe aufgießen.
3. Den in Würfel geschnitten Kürbis dazugeben und weich kochen.
4. Fein pürieren.
5. Die Kokosmilch unterrühren.
6. Mit der Orangenschale, Salz und Pfeffer abschmecken.
7. Nochmals erwärmen.

VOLLDABEI

Initiative für Offenheit und Toleranz

Susanne und Holger bieten eine Plattform für Menschen und Gruppen, die sich gegen Rassismus einsetzen. Im Vordergrund stehen die Freude an der Begegnung mit Menschen aus anderen Kulturen und die Möglichkeit der kulturellen Beteiligung für Flüchtlinge.

Roswitha:

Eure kulturellen Aktivitäten sind Fahrräder reparieren, Radfahren lernen, Kochen, Gärtnern, Handwerken, Ausflüge machen – alles zusammen mit Flüchtlingen. Wie ist es dazu gekommen?

Susanne:

Wir wohnen in der Nähe der Asylunterkunft Calmbergstraße. Es ist uns aufgefallen, dass die Flüchtlinge, die dort untergebracht sind, sehr isoliert sind und mit ihrer Nachbarschaft kaum Kontakt haben. Außerdem ist das Haus in einem katastrophalen Zustand. Wir waren der Meinung, dass man das ändern muss.

Holger:

Es entstand ein intensiver Kontakt zu Bewohnern im Haus und zu vielen anderen in den umliegenden Unterkünften im Antonsviertel und darüber hinaus. Eines der Alltagsprobleme der Flüchtlinge sind immer wieder die kaputten Fahrräder. Daraus sind die ersten gemeinsamen Aktivitäten entstanden.

Roswitha:

Was ist euer Hauptanliegen?

Susanne:

Es geht um Partizipation, um das Beteiligtsein am kulturellen Leben. Unsere Aktivitäten sind so gestrickt, dass alle mitmachen können. Sprachunterschiede spielen keine Rolle und alle Angebote sind kostenlos. Wichtig ist uns eine Haltung, die über das Helfenwollen hinaus geht und zu einer aktiven Begegnung auf Augenhöhe führt.

Roswitha:

Wie gelingt euch Partizipation?

Holger:

Ein Teil von VOLLDABEI ist die mobile Kultur-werkstatt. Wir packen Materialien auf unsere Fahrradanhänger und besuchen damit verschie-dene Asylunterkünfte in der Stadt. Hierzu laden wir engagierte Menschen und Organisationen aus unserem Netzwerk ein. Wir erschließen Res-sourcen in Form von Räumen, Material und Geld und machen etwas daraus. So konnten wir z.B. für ein Kunst-Camp in der Calmbergstraße über 60 Leute mobilisieren, die mit uns und den Bewohnern einen Teil der Unterkunft renoviert und verschönert haben. Es sind dabei riesige Wandbilder entstanden. Durch die Aktion sind sich die Flüchtlinge und Nachbarn nahege-kommen. Alles wurde aus Spenden finanziert, die wir durch ein umfangreiches Fundraising erschließen konnten.

Susanne:

Wir verwenden viel Zeit und Aufmerksamkeit auf eine gezielte Presse- und Öffentlichkeits-arbeit. Es ist uns wichtig, immer wieder positiv besetzte Bilder zu transportieren, die davon erzählen, dass Flüchtlinge zu uns gehören. Am Beispiel Calmbergstraße ist es uns gelun-gen, dass nicht mehr nur reißerisch über den schlechten Zustand des Hauses gesprochen wird. Die Sicht auf die Menschen darin hat sich verändert. Es wurde deutlich, was die Bewohner leisten wollen und können und welche Poten-ziale in ihnen stecken, wenn sie einen Rahmen bekommen, in dem sie agieren können.

Roswitha:

Was motiviert euch, Zeit in eure Projekte zu investieren ?

Susanne:

Mit anderen machen die eigenen Hobbies wie Gärtnern, Handwerken und Handarbeiten ein-fach mehr Spaß.

Holger:

Bei mir ist es auch so. Das Fahrradreparieren ist meine Leidenschaft. Außerdem bin ich sehr an anderen Kulturen interessiert und daran, wie Flüchtlinge an die Lösung von Problemen herangehen. Da kann man einiges lernen.

Roswitha:

Welche Bedeutung hat euer Projekt für Augsburg?

Susanne:

Es ist eine Gelegenheit, unkompliziert und ohne große Verpflichtung mit Flüchtlingen in Kontakt zu treten und Vorurteile abzubauen.

Roswitha:

Welche Eigenschaften sind für eure Arbeit nützlich?

Susanne:

Wir bringen einiges an Erfahrung im Bereich Campaigning mit. Es geht ja nicht nur darum, die Freizeit miteinander zu verbringen. Es geht darum, die Stimmung in der Stadt zu beeinflussen und dem Rassismus den Boden zu entziehen. Dazu bündeln wir die Kräfte, die vorhanden sind, und treten gemeinsam mit anderen in Aktion. Wir dokumentieren unsere Arbeit durch Fotos und Videos im Web und in den sozialen Netzwerken und erzielen damit zusätzlich eine positive Wirkung.

Roswitha:

Warum passt euer Konzept gut in die heutige Zeit?

Holger:

Die Lösung von sozialen Problemen sollte man nicht allein der Politik und Verwaltung

überlassen. Die Zivilgesellschaft ist immer mehr gefordert, sich einzumischen. Wir wollen nicht nur reden, sondern das Gemeinwesen aktiv mitentwickeln.

Roswitha:

Was lässt euch durchhalten, wenn es nicht so gut läuft?

Susanne:

Wir haben viele Freundinnen und Freunde und ein stabiles Netzwerk, das uns immer unterstützt.

Roswitha:

Was hat es euch persönlich gebracht?

Susanne:

Viele menschliche Kontakte und Freundschaften sind entstanden.

Holger:

Man entwickelt immer mehr eine Empörung über die Ungerechtigkeit. Man selbst hat Glück, in Frieden, Sicherheit und Wohlstand zu leben, einen Pass zu haben. Anderen geht das nicht so. Die Schicksale gehen nicht spurlos an einem vorbei.

VOLLDABEI
Initiative für Offenheit und Toleranz
www.volldabei.org | kontakt@volldabei.org

GEMÜSEKUCHEN

Teig

200 g Magerquark
7 EL neutrales Öl
1 Ei
1 Prise Salz
400 g Mehl
1 Pck. Backpulver

Belag

Paprika, Tomaten, Zucchini, Zwiebeln (oder anderes Gemüse je nach Gusto)
3 Eier
2 EL Sauerrahm
6 EL Milch
100 g geriebener Käse
2 TL Salz

1. In einer Rührschüssel den Quark mit dem Öl vermischen.
2. Ei und Salz zugeben und glatt rühren.
3. Die Hälfte des Mehls sieben und einrühren.
4. Das restliche Mehl mit dem Backpulver darüber sieben und alles zu einem festen Teig kneten.
5. Den Teig auf einem Backblech ausrollen.
6. Gemüse putzen, waschen, klein schneiden.
7. Eier, Sauerrahm, Milch und Salz verquirlen, mit allen Zutaten mischen.
8. Die Mischung auf dem Teig verteilen.
9. Bei 200 °C mit Ober- und Unterhitze ca. 20 Minuten backen.

WEITWINKEL

e.V.

Der Verein setzt sich unter anderem für die Förderung eines interkulturellen und gemeinschaftlichen Zusammenlebens, für Solidarische Landwirtschaft, für Solidarische Ökonomie und für einen nachhaltigen, verantwortungsvollen Umgang mit der Umwelt ein.

Roswitha:

Unter dem Dach des von dir mitgegründeten Weitwinkel e.V. ist ein interessantes Ökosozialprojekt entstanden.

Bruno:

Der Verein ist 2008 aus »attac« heraus entstanden. Wir wollten eine Plattform für sozialökologische Projekte schaffen. Angeschoben haben wir seitdem Initiativen der Solidarischen Landwirtschaft, der Solidarischen Ökonomie und eines Interkulturellen Gartens. Wir verstehen uns als eine Bewegung »von unten«. Wir sind unabhängig von Parteien und von staatlichen Einflüssen. Wir wollen Menschen in der Region zusammenbringen. Wenn Menschen »aus dem Gehäuse der Hörigkeit« heraus treten, wird auch die Welt verändert. Und in diesem Sinn fühlen wir uns auch als Teil einer globalen Bewegung.

Roswitha:

Bruno, dir ist es ein großes Anliegen, dass die Menschen sehen sollen, wo ihre Gemeinsamkeiten liegen.

Bruno:

Der Mensch ist einzigartig. Er ist aber auch ein soziales Wesen. Im sozialen Miteinander erfahren wir uns auch selbst. Teilhabe und Miteinander sind wesentlich für eigene Zufriedenheit. Die Individualität wird im

Kapitalismus zu Wirtschaftszwecken ausgebeutet. Wir hingegen versuchen, die individuellen Bedürfnisse zu respektieren, die Fähigkeiten des Einzelnen zu erkennen und viel Spaß beim gemeinsamen Handeln zu entwickeln.

Roswitha:
Warum investierst du so viel deiner Freizeit?
Bruno:
Weil mich Ungerechtigkeit zutiefst berührt. Mich treibt es seit meiner Jugend um, wenn Menschen an Hunger sterben, wenn die Schere zwischen Arm und Reich immer weiter auseinander geht, wenn die Natur zerstört wird und Kriege unendliches Leid hervorbringen. Die Globalisierung hat den Kapitalismus auf die Spitze getrieben und enorme Krisen erzeugt. Wir können nicht mehr darauf hoffen, dass andere für uns handeln. Das müssen wir selbst tun.

Roswitha:
Bruno, dein Name ist in Augsburg nicht erst seit dem Bürgerbegehren gegen die Stadtwerke-Fusion ein Begriff – aber du machst es nie nur für dich?
Bruno:
Wir haben mit Bürgerbegehren den Verkauf des Siebentischwaldes verhindert. Genauso den Bau eines Großkraftwerkes in Lechhausen. Wir waren mit dem Bürgerentscheid gegen die Stadtwerke-Fusion erfolgreich. Es stimmt nicht, dass man nichts machen kann. Gemeinsam können wir etwas erreichen. Ich sehe mich dabei als Teil des Ganzen.

Roswitha:
Deine Wünsche für die Zukunft?
Bruno:
Persönlich wünsche ich mir für mich und meine Lieben Gesundheit und Zufriedenheit. Aktuell, dass unser Projekt Solidarische Landwirtschaft immer mehr Zuspruch findet. Und als Vision, dass wir einer Welt näher kommen, in der die Ausbeutung des Menschen durch den Menschen und Kriege nicht mehr existieren.

Weitwinkel e.V.
Vorstand Bruno Marcon
Matthias-Claudius-Str. 7 d | 86161 Augsburg
www.oeko-sozial-projekt.de
info@oeko-sozial-projekt.de

METT-IGEL

vegan

100 g Reiswaffel
2 Zwiebeln
400 ml Wasser
75 g Tomatenmark
2-3 EL Öl
Salz
Pfeffer
Paprika, rosenscharf
Hackfleischgewürze
Salzstangen (für die Stacheln)
2 schwarze Oliven (für die Augen)

1. Die Reiswaffeln zerbröseln.
2. Das Tomatenmark mit Wasser und der zerbröselten Reiswaffel verrühren – ca. 30 Minuten einweichen lassen.
3. Zwiebeln sehr fein schneiden und mit Öl in der Masse vermengen.
4. Die Masse mit Salz, Pfeffer und Gewürzen abschmecken.
5. Aus der Masse einen Igel formen und mit Salzstangen und Oliven dekorieren.

WOHNZIMMER
im Schwabencenter

Die von Sabine Pfister und Marion Wöhrl visionierte Umgestaltung des Schwabenscenters fand in der AWO den richtigen Partner, um als ersten Teil im sogenannten Wohnzimmer einen Treffpunkt für Bewohner und andere zu realisieren.

Roswitha:

Sabine, deine Vision, das in die Jahre gekommene Schwabencenter umzugestalten, nachhaltiger und attraktiver zu machen und damit gutes, urbanes Wohnen, Arbeiten und Einkaufen nach der Energiewende zu schaffen, kommt voran.

Sabine:

Ich bin schon seit vielen Jahren fasziniert von der Idee, an diesem wunderbaren Standort vielleicht einmal zu wohnen. Man sieht aus den oberen Stockwerken über die ganze Stadt, wunderschöne Sonnenuntergänge und den Siebentischwald. Allerdings sollte einiges verändert werden, was nicht mehr zeitgemäß ist. Und

wir möchten Gemeinschaft schaffen in diesen Hochhäusern, die ja so viele Bewohner haben wie ein Dorf! Ideen dazu hatte ich schon länger. Mit der Überlegung, ob das Projekt zusammen mit den Planungen für das contact-Dorf von einer gemeinsamen Gruppe ausgehen könnte, kam ich als Gründungsmitglied zu contact-Dorf e. V. Wir stellten dann aber fest, dass es sich doch um zwei ganz verschieden große Projekte handelt, auch wenn die Nachhaltigkeit für beide das Hauptthema ist. Bei der Gründungsversammlung traf ich meine langjährige Freundin Marion, die ich ein wenig aus den Augen verloren hatte. Dabei stellten wir erstaunt fest, dass sich auch Marion schon viele Gedanken

um die Hochhäuser und das Einkaufscenter gemacht hatte, nur mit einer etwas anderen Ausrichtung. Auch sie wohnt, wie ich, in der Nähe des Schwabencenters. Ab da trafen wir uns regelmäßig und arbeiteten an dem nun gemeinsamen Projekt, das als Forum »Lebensraum Schwabencenter« in die lokale Agenda in Augsburg aufgenommen wurde. Zeitgleich dazu eröffnete die AWO ein Büro in einem der drei Hochhäuser des Centers mit der Idee eines Quartiersmanagements. Aus der Zusammenarbeit mit Lisa und Angela von der AWO entstand das Wohnzimmer im Schwabencenter.

Roswitha:
Das waren die Anfänge – und dann ging es los.
Sabine:
Im Februar 2015 organisierten wir im Wohnzimmer eine Ausstellung mit Visionen, die Studenten des Instituts für Humangeografie der Uni Augsburg mit Frau Prof. Dr. Karin Thieme für das Schwabencenter entwickelt hatten, und diversen Aktionen, an denen die Besucher teilnehmen konnten. Viele Bewohner brachten alte Bilder, erzählten uns Geschichten und wir hörten ihre Wünsche für mehr Gemeinsamkeit und bessere Angebote in der Einkaufspassage. Im April 2015 konnten wir das »Wohnzimmer

im Schwabencenter« beziehen, einen leerstehenden Laden, der uns großzügigerweise vom Center Management zur Verfügung gestellt wurde. Hier kann nun Gemeinschaft stattfinden. Wir fragen nach den Wünschen der Bewohner und Besucher mit dem Gedanken, dass die Bewohner erst kommen und teilnehmen und dann nach und nach selbst zu Gastgebern werden. Aus den eingehenden Ideen gestalten wir nun monatlich ein vielfältiges Programm. Die Ideen sprudeln jetzt und an den Ausstellungen, Vorträgen, Spielkreisen, Sprachkursen, musikalischen Themen, Festen usw. nehmen zunehmend mehr Leute aus den Häusern und aus ganz Augsburg teil. Dabei versuchen wir uns als Initiatoren nach und nach herauszuziehen, damit die Teilnehmenden immer stärker selbst aktiv werden.

Roswitha:
Sag mir noch ein bisschen mehr über deine Ansätze bei dem Projekt.
Sabine:
Unsere Vision für das Schwabencenter ist die Neuorientierung in einen Lebensraum für gemeinschaftliches, nachhaltiges, urbanes Leben, der auch nach der Energiewende funktioniert. Die Einkaufspassage soll demnächst umgebaut

und wieder attraktiver gemacht werden. Unser Anliegen ist, dass sowohl der Investor als auch die Stadt die von uns erarbeiteten nachhaltigen Ansätze in der Planung berücksichtigen. Besonders wichtig ist dabei, das Ganze als partizipativen Prozess zu gestalten, in den die Bewohner des Schwabencenters, aber auch die Quartiersbewohner integriert sind. Als Orientierung dienen dabei die Zukunftsleitlinien der Stadt Augsburg, die mit den vier Säulen »ökologische Zukunftsfähigkeit, soziale Zukunftsfähigkeit, ökonomische Zukunftsfähigkeit und kulturelle Zukunftsfähigkeit« für die Nachhaltigkeit in Augsburg stehen.

Vom Investor haben wir bereits die Zusage, dass das Wohnzimmer auf jeden Fall erhalten wird. Schwierig ist es jetzt am Anfang noch mit der Eigentümergemeinschaft, denn die Bewohner sind unsicher, was da auf sie zukommt.

Aber es wächst überall die Zuversicht, dass neue Sachen klappen können. Gemeinsam erhalten wir eine neue Sicht auf die Dinge. Und im Wohnzimmer sind schon viele neue Freundschaften entstanden! Wir erleben, dass man miteinander so viel schaffen kann. Allerdings braucht es eine Menge Kraft und Geduld und eine starke Vision! Gut, dass die Zahl der Mitstreiter*Innen ständig wächst!

Wohnzimmer im Schwabencenter
Ansprechpersonen:
Sabine Pfister
lebensraum-schwabencenter@web.de
Marion Wöhrl
lebensraum-schwabencenter@web.de
Lisa Schuster
l.schuster@sic-augsburg.de
Angela Kemming
a.kemming@awo-augsburg.de

GEBRATENER SPARGEL
mit Zitrone, Datteltomaten und Pinienkernen

für 4 Personen

1,2 kg Spargel
2 Stängel Petersilie
200 g Datteltomaten
1 Bio-Zitrone
5 getrocknete Tomaten in Öl
20 g Pinienkerne
6 EL Rapsöl
Salz
Pfeffer

1. Pinienkerne in der Pfanne ohne Fett goldbraun rösten.

2. Spargel schälen und die Enden abschneiden, dickere Stangen längs halbieren.

3. Petersilie abspülen, trockenschütteln, die Blätter abzupfen und grob hacken.

4. Datteltomaten abspülen und trockentupfen.

5. Zitrone heiß abspülen, die Schale fein abreiben und auspressen. Die getrockneten Tomaten klein schneiden und zusammen mit 3 EL Öl und 2 EL Zitronensaft pürieren.

6. 2 EL Öl in einer großen Pfanne erhitzen und den Spargel darin bei mittlerer Hitze etwa 8–10 Minuten bissfest braten. Zitronenabrieb unter den Spargel heben, mit Salz und Pfeffer würzen. Datteltomaten in einer anderen Pfanne in 1 EL Öl so lange braten, bis sie aufplatzen.

7. Spargel und Tomaten auf einer Platte anrichten, Dressing, Petersilie und Pinienkerne darübergeben und sofort servieren. Nach Geschmack Baguette und Parmaschinken dazu reichen.

HAUPT-SPEISEN

AK Klima
ATTAC
Augsburg

»attac« engagiert sich für soziale und ökologische Gerechtigkeit im Globalisierungsprozess. Die Arbeitsgruppe Klima beschäftigt sich mit den Ursachen und Verursachern der Klimakatastrophe und setzt sich für Nachhaltigkeit vor Ort und weltweit ein.

Roswitha:

Tobias, wir haben uns nach einem Film über ein Umweltthema im Liliom kennengelernt. Wir sind in Verbindung geblieben, weil du an unserem Projekt contact-Dorf sehr interessiert bist und dafür das Energiekonzept übernehmen willst.

Tobias:

Ich war immer öko-interessiert. Nach der Fachoberschule habe ich in Pappenheim mein freiwilliges ökologisches Jahr gemacht. Der Träger war eine interessante Schnittstelle zu vielen anderen Institutionen. Danach habe ich Umwelt- und Verfahrenstechnik studiert und meine Diplomarbeit am Fraunhofer-Institut in Freiburg geschrieben. Nach zwei Jahren Projektarbeit in Freiburg habe ich dann in Augsburg bei Eisen-

beiß angefangen. Stephan Eisenbeiß wiederum hat die Greenpeace-Gruppe in Augsburg mitgegründet. Mein ehrenamtliches Engagement hat schon früh angefangen, als wir mit drei bis vier Leuten die erste Greenpeace-Jugendgruppe in Königsbrunn gründeten. Als Erwachsener habe ich später auch die Greenpeace-Ortsgruppe mitgeleitet. Bei Greenpeace bin ich immer noch aktiv und auch die Jugendgruppe gibt es noch. Einige Mitglieder daraus waren damals auch beim AK Klima mit dabei. Mit Demos und vielen Veranstaltungen, auch zusammen mit Greenpeace, beschäftigte sich der AK Klima viel mit regionalen und globalen Klimafragen, auch im Zusammenhang mit der Daseinsvorsorge, sowie den Themen Energie und Ernährung.

Roswitha:

Erzähl uns ein bisschen mehr über den AK Klima.

Tobias:

Da muss ich ein bisschen weiter ausholen. Nach meinem Studium wollte ich eigentlich nichts mehr groß ehrenamtlich machen, mich auf meinen Beruf konzentrieren. In Freiburg hatte ich mich mit dem Thema Strom- und Energiemarkt beschäftigt, erst bei Eisenbeiß standen Softwareentwicklung und Planung von thermischen Solarsystemen im Vordergrund. Dann kam Fukushima! Es machte mir Sorgen, dass sich politisch im Energiebereich nichts grundlegend verändert hatte. Deshalb wollte ich wieder ehrenamtlich aktiv werden. So lernte ich über Tobias Spreng Bruno und den AK Klima kennen. Gemeinsam mit vielen Interessierten wurde aus technischen Ideen ein gesellschaftliches Konzept: Energiedemokratie in Augsburg.

Seitdem hat sich viel bewegt! Zeitweise ging es darum, den Bau eines geplanten Gasgroßkraftwerkes in Augsburg zu verhindern. Neben vielen Veranstaltungen war es uns immer wichtig, konkrete, umsetzbare Vorschläge wie z.B. ein dezentrales Energiekonzept in die Stadtgesellschaft einzubringen. Dann kam 2015 das Bürgerbegehren und der Bürgerentscheid gegen die Stadtwerkefusion. Mit über hundert Helfern bildete sich aus einem breiten Spektrum der Bürgerschaft und aus dem Umfeld von »attac« Augsburg eine Bürgerinitiative. Das Kernziel war, dass in solchen wichtigen Fragen der Daseinsvorsorge die Bürger gefragt werden! Der Erfolg war ein demokratisches Signal, gelebte Energiedemokratie und zeigte das Bedürfnis der Bürger nach politischer Gestaltung und Mitbestimmung.

Roswitha:

Tobias, geh noch mal zurück zu dem Thema dezentrales Energiekonzept für Augsburg.

Tobias:

2012 gab es ein Klimaschutzkonzept der Stadt Augsburg. Dort haben wir unsere Inhalte mit eingebracht. Später konnten wir eine zusätzliche Konzeption vorstellen, die mehrere Projektvorschläge aus dem Klimaschutzkonzept verbindet, um die dezentrale Energiewende in Augsburg zu starten. Es ist ein allgemeines, flexibles und modulares Konzept mit Bürgerbeteiligung und in Zusammenarbeit mit den Stadtwerken. Ein Beispiel daraus konkretisiert ein Projekt in einem bestimmten Quartier. Das Konzept ist aber so gedacht, dass es für jegliche Bereiche – Stadtteile, Ökosiedlungen usw. – anwendbar ist. Außerdem werden die weiteren politischen Ziele aus dem Konzept »Energiedemokratie in Augsburg« von der Stadtregierung nicht berücksichtigt, die auch über Augsburg hinausgehen und in Verbindung mit den Klimaschutzzielen stehen.

Roswitha:
Dein Engagement brachte doch sicher auch ganz viel persönliche Entwicklung für dich?
Tobias:
Erst mal war es anstrengend (lacht). Nein, es war mir immer wichtig, nicht im stillen Kämmerchen zu bleiben, sondern raus an die Öffentlichkeit zu gehen. Ich wollte immer wissen, ob die Dinge funktionieren. Eine Vision verfolgen, zeigen, was man tun kann, was möglich ist, es selbst leben, es weitergeben. Das ist elementar für unser aller Zusammenleben.

attac Augsburg
AK Klima
Weiße Gasse 3 | 86150 Augsburg
www.attac-netzwerk.de
augsburg-klima@attac.de

BUNT GEMIXTE ENERGIETALER

auf die Bürgerhand

für ca. 4 hungrige Weltretter

Salat:

1 Kopf grüner Salat

4 Tomaten

2 Karotten

1 kleiner Kohlrabi

50 g Sonnenblumenkerne

2 EL Sojasauce

½ Zwiebel

Saft von ½ Zitrone

1 TL Honig

1 EL Holunderblütensirup

1 EL süßer Senf

3 TL Öl

Essig, Salz

Taler:

600 g bunt gemischtes, regionales, saisonales Gemüse (Mangold, Karotten, Zucchini)

6 Eier

200 g Vollkornmehl

½ Zwiebel

Milch, Salz, Bratöl

Gurkensauce:

1 Gurke

250 g Naturjoghurt

2–3 EL gemischte Gartenkräuter

1 EL Olivenöl

1 EL Essig

etwas Salz

Wie bei der Energiewende, der Mix macht's!

Alle Zutaten können je nach Jahreszeit ergänzt oder ersetzt werden.

1. Salat waschen, klein zupfen, die Tomaten achteln, Karotten und Kohlrabi grob raspeln. Alles zusammen in eine große Salatschüssel geben.

2. Dressing: eine halbe Zwiebel würfeln, in Salz und Essig ziehen lassen und die Sonnenblumenkerne mit der Sojasauce anrösten. Zitronensaft, Honig, Holunderblütensirup, Öl, Senf und Salz dazugeben.

3. Für die Taler das Gemüse vorgaren. Halbe Zwiebel fein würfeln und in einer Pfanne glasig braten. Karotten und Zucchini fein würfeln und kurz mitbraten, dann mit wenig Wasser gar dünsten. Das ganze Gemüse in eine Teigschüssel geben. Wenn es etwas abgekühlt ist die Eier, das Mehl und Salz dazugeben. Alles kräftig verrühren, so entsteht ein Küchleteig. Mit etwas Milch oder Mehl kann man die Konsistenz abrunden.

4. Bei niedriger Temperatur die Küchle ausbacken.

5. Für die Gurkensauce die Gurke ungeschält grob raspeln und salzen. Die Gurkenraspel mit Joghurt, Kräutern, Öl und Essig vermischen und mit Salz abschmecken.

BRÜCKE
e.V.

Der Verein kümmert sich um straffällige Jugendliche. Jugendhilfe wird einzeln, aber auch in Gruppenarbeit geleistet. Hausbesuche und Präventionsarbeit an Schulen sind weitere Tätigkeitsfelder.

Roswitha:

Herr Schletterer, Sie sind seit vielen Jahren Geschäftsführer der Brücke in Augsburg. Was ist die Philosophie Ihrer Einrichtung?

Erwin Schletterer:

Wir gehen davon aus, dass, wenn Jugendliche straffällig werden, selten kriminelle Energie dahintersteckt, sondern ein Hilfebedarf. Manchmal ist es auch der Gruppendruck oder ein schwieriges soziales Umfeld. Generell gilt: Jugendliche wollen sich ausprobieren und gehen dabei manchmal einen Schritt zu weit. Uns ist es wichtig, jungen Leuten eine Chance bezie-hungsweise eine zweite Chance zu geben, weil größere Härte Rückfälle wahrscheinlicher macht. Wir haben mittlerweile 17 verschiedene Angebote und können so auf jeden Hilfebedarf eine Antwort geben. Der Verein ist in den Jahren seit der Gründung 1985 enorm gewachsen. Wir sind jetzt 20 Beschäftigte, am Anfang waren wir nur zu dritt. Der Teamgedanke ist stark ausgeprägt. Kollegiale Beratung wird erfolgreich praktiziert und bei Problemen können wir auf starke Netzwerke zurückgreifen. Schön ist, dass unsere Einrichtung nicht statisch ist, sondern immer in Bewegung.

Roswitha:

Was ist die wichtigste Eigenschaft, die nicht fehlen darf, um hier zu arbeiten?

Erwin Schletterer:

Beziehungsfähig zu sein! Ohne Beziehung läuft gar nichts. Man muss in der Lage sein, aus dem Fachlichen heraus in eine Beziehung zu treten. Alle Mitarbeiter haben das Herz am rechten Fleck. Dabei müssen sie aber auch mit Enttäuschungen umgehen, Rückschläge wegstecken können.

Roswitha:

Aber es gibt doch auch viel Positives?

Erwin Schletterer:

Die meisten jungen Menschen können wir mit unseren Angeboten gut erreichen, sodass sie nicht mehr auffällig werden. Besondere Schwerpunkte bilden dabei unsere Kurse zu den Themen Gewalt oder Umgang mit Alkohol. Aber auch die individuelle Einzelbetreuung ist ein erfolgreiches Konzept. Manchmal kommen auch ehemalige Betreute später wieder zu uns, entweder um sich mit einem gewissen Stolz zu zeigen oder aber auch mit kleinen Wehwehchen, um sich einen Rat zu holen. Besondere Freude haben wir mit dem Projekt »Heroes«, das sogar den Zukunftspreis der Stadt Augsburg

erhalten hat. Es war auf drei Jahre konzipiert, die Förderung wurde verlängert und auch die Stadt Augsburg engagiert sich hier sehr stark. Junge Männer aus sogenannten Ehrenkulturen setzen sich in diesem Projekt ehrenamtlich ein, um Unterdrückung im Namen der Ehre zu vermeiden und um Frauen und Männern ein gleichberechtigtes und gewaltfreies Miteinander zu ermöglichen. Das Projekt ist hier nicht mehr wegzudenken! Augsburger Heroes hatten sogar schon im ZDF einen Auftritt.

Roswitha:

Ihr habt in den Jahren des Bestehens über 50.000 Jugendliche betreut und viele auf den richtigen Pfad zurückbringen können.

Erwin Schletterer:

Nun, unsere Fälle können sehr unterschiedlich gelagert sein und zwar vom einfachen Ladendieb oder Schwarzfahrer bis zum sogenannten Intensivtäter. Für die Gruppe der Intensivtäter haben wir ein eigenes Angebot mit sechs bis acht Betreuungsstunden in der Woche, denn sie kann man nur mit langem Atem erreichen. Wir wollen keinen aufgeben, aber Grenzen müssen sein. Leider ist es aber manchmal auch doch so, dass auch unseren Klienten der Weg in die Jugendstrafanstalt nicht erspart bleibt.

Roswitha:

Macht sich bei euch bemerkbar, dass wir inzwischen sehr viele junge Flüchtlinge in der Stadt haben?

Erwin Schletterer:

Wir müssen inzwischen öfter englisch sprechen als vorher. Und wir beschäftigen uns viel mehr mit dem Thema Traumata. Eine Kollegin hat sich extra dafür weiterbilden lassen. Im neuen Projekt M.u.T.iG beraten und betreuen wir junge Flüchtlinge im Alter von 18 bis 24 Jahren. Das Konzept sieht eine Mischung aus Gruppen- und Einzelarbeit vor. Ziel ist die Integration auf dem Ausbildungsmarkt. Insgesamt spielen Flüchtlinge bei den Fallzahlen keine große Rolle.

Roswitha:

Herr Schletterer, wir haben uns auch schon beim Kurzfilmfestival getroffen, das Sie in Augsburg veranstaltet haben.

Erwin Schletterer:

Das ist mein besonderes Steckenpferd. Kultur ist mir persönlich und auch für die Brücke sehr wichtig. Man kann dabei kreativ andere Zugänge schaffen. Meine Kontakte nutzen wir auch für die Öffentlichkeitsarbeit der Brücke. Jährlich veranstalten wir Lesungen und Impro-Theater in Zusammenarbeit mit dem S'ensemble Theater

oder organisieren Kurzfilmnächte im Rahmen des Friedensfestes oder mit anderen Partnern.

Brücke e.V.
Gesundbrunnenstraße 3 | 86152 Augsburg
www.bruecke-augsburg.de
info@bruecke-augsburg.de

JANSSONIN KIUSAUS

Jansons Versuchung | finnischer Kartoffelauflauf

für 4 Personen

1 kg Kartoffeln
1 Glas Anchovisfilet
3 Zwiebeln
500 ml Sahne
(leichte Variante mit 1/3 Milch)
2 EL Semmelbrösel
5 EL Butter
(davon 1 EL
für das Fetten der Form)
Öl

1. Zwiebeln schälen und in Ringe schneiden. Die Zwiebelringe in 2 EL Butter und Öl goldbraun braten. Die möglichst mehlig kochenden Kartoffeln werden dafür in ganz feine Stifte zerteilt und roh belassen. Anchovis abtropfen lassen und gut trocken tupfen.

2. Die Hälfte der Kartoffeln in eine gefettete, flache Auflaufform (30 cm Länge) geben. Würzen und dann die Zwiebelringe und Anchovis darauf verteilen. Übrige Kartoffeln darüber schichten.

3. Sahne und Milch aufkochen, salzen und pfeffern und über den Auflauf gießen. Mit Bröseln bestreuen. 2 EL Butter in Flöckchen darauf setzen. Im vorgeheizten Ofen bei 200 °C auf der untersten Schiene 45–50 Minuten (Umluft bei 170 °C, 40 Minuten) backen bis die Oberfläche je nach Geschmack goldbraun bis dunkelbraun geworden ist.

4. Abschließend wird noch etwas frisch gehackte Petersilie über die Speise gestreut.

Zusätzlich zu den Semmelbrösel mit Käse bestreuen.
Hyvää ruokahalua – Guten Appetit!

CITYFARM
Augsburg

Die CityFarm ist ein Gemeinschaftsprojekt im Norden Augsburgs, ein Begegnungs- und Lernort für Klein und Groß. Sie ist ein gemeinnütziges Projekt und eine Initiative des Vereins Transition Town Augsburg e.V.

Roswitha:
Wie sahen die Anfänge aus?

Ildi:
Benni und ich haben uns 2009 während des Bildungsstreiks an der Augsburger Uni kennengelernt. Ich hatte gerade meine »Schwarze-Welt-Phase« und Benni hatte erfahren, dass er krank ist. Uns trieb der Gedanke: Es muss etwas anders werden. So wie bisher können wir nicht weitermachen. Wir suchten nach einem lebenswerteren Leben. Im Urlaub auf der Alm hatten wir das Buch »Meine kleine City-Farm« von Novella Carpenter gelesen, das uns Nini mitgegeben hatte. Wir sind zurückgekommen und haben nach einem passenden Grundstück gesucht. Unser Freundeskreis war geteilter Meinung: »Könnte funktionieren«. Wir hatten noch kein Grundstück, ich musste mein WG-Zimmer halbieren, damit unser Kaninchenpärchen, das wir schon hatten, Junge bekommen konnte.

Benni:
Im Winter 2011 durften wir in einem großen Garten Hagebutten ernten und konnten diesen Garten dann anmieten. Der war zugewuchert und voller alter Baumaterialien: 200 Paletten, 100 Baustahlgitter und vieles mehr musste beiseite geschafft werden. Erst waren wir nur drei bis vier Leute, schnell wurden es mehr. Vom damaligen harten Kern sind viele jetzt noch dabei – aber auch viele neue. Die Lagerfeuerstelle war eins der ersten Dinge, und sie ist auch heute noch wichtig. Wir haben auch immer alles geupcycelt, was zu bekommen war.

Ildi:
Jetzt gilt der Grundsatz: Wer etwas anschleppt, muss es auch verbauen!

Roswitha:

Wie seid ihr zur neuen CityFarm gekommen?

Ildi:

Nachdem wir wussten, dass wir umziehen müssen, war monatelang nichts geeignetes zu finden. Wir waren schon am Aufgeben, als sich die verschiedensten Referate der Stadt Augsburg doch noch dafür einsetzten, dass das Projekt weitergehen konnte, und wir im Frühjahr 2015 das Grundstück in Oberhausen pachten konnten. 108 LKW waren nötig, um das Gelände mit guter Erde aufzufüllen. Es ist für mich ein Experiment und zukünftige Bodenproben werden zeigen, ob es gelungen ist. Uns blieb nichts anderes übrig, als zuzusagen, und deshalb ist es auch die Anregung für andere: Nicht lange nachdenken, einfach machen!

Roswitha:

Das was ihr macht, ist ja ungeheuer vielfältig.

Nini:

Ja, ganz vieles: Gemüse anbauen, Obst und Gemüse einkochen, sensen, containern, Holz machen, Kaninchen füttern, Erntedankfest feiern, Unkraut jäten, zusammen essen, zusammen arbeiten, jeden Samstag ist Arbeitseinsatz.

Benni:

Wir bieten Führungen an, Schmiedekurse für Kinder und Erwachsene, Kurse wie »Gemüse unserer Vorfahren« und das Weitergeben von altbewährtem Wissen, Natur- und Umweltbildung, Imkerei, vieles zusammen mit dem Naturschutzbund. Und wir tauschen Arbeitskraft gegen Agrarprodukte. Wir beteiligen uns auch an den meisten Saatgutbörsen im Raum Augsburg. Der positive Effekt ist, dass dadurch die Saatgutvielfalt an Schwung gewonnen hat.

Nini:

Urban gardening passt einfach in die Zeit. Es ist auch Entschleunigung.

Ildi:

Mit unserem Wissen und unserer Erfahrung unterstützen wir in Augsburg verschiedene Projekte.

Benni:

Zum Beispiel vier Schulgärten, den Krümelhof und das Jugendhaus Lehmbau.

Nini:

Und das Projekt Interkultureller Jugendgarten am Jugendhaus der Linie 3 Pfersee.

Roswitha:

Was sind die schönen Momente auf der Farm?

Benni:

Einfach da sein – und du bist glücklich!

Ildi:

Mich macht es glücklich, wenn ich andere

motivieren kann. Das leckere Essen in Gemeinschaft und der unglaubliche Wissenszuwachs
sind besonders schön für mich.

Nini:
Es hat hier alles einen anderen Rhythmus.
Leute, die mitmachen, können sich so einbrin-
gen, wie sie können.

Ildi:
Probleme gibt's nur beim Ordnung halten in der
Gemeinschaft. Vor allem, wenn Neue da sind.
Wenn sie länger dabei sind, klappt es dann.

Roswitha:
*Euer Konzept passt doch gut in die heutige
Zeit!*

Benni:
Nein, es passt nicht!

Ildi:
Es kommt darauf an: In das technische Zeitalter
passt es nicht. In der Alternativbewegung sind
wir voll in.

Benni:
Ich habe gelesen, dass weltweit eine Billion
Stunden täglich in der Spieleindustrie gefangen
sind ...

Ildi:
Wir versuchen zu leben, ohne dass andere
Schaden nehmen. Das erfüllt, macht Spaß.
Einfach ein Stück Brot in die Hand nehmen und
zu den Lämmchen gehen.

Roswitha:
Und das Allerschönste?

Ildi:
Die Lämmchen!

Benni:
26 Küken, fünf Lämmer, drei Bienenschwärme,
acht kleine Kaninchen: das neue Leben!

CityFarm Augsburg
Gablinger Weg 36 | 86154 Augsburg
www.cityfarmaugsburg.wordpress.com
Besuche über Terminabsprache

MANGOLDROLLE
mit
KANINCHEN-KESSELGULASCH

für 8–10 Personen

Mangoldrolle

1 Blätterteig
500 g Mangoldblätter

1. Mangold waschen, schneiden, blanchieren. Blätter abtropfen, etwas abkühlen lassen.
2. Blätterteig auf ein Backblech legen und Mangold darauf verteilen.
3. Für etwas Pepp noch Schafskäse darüberstreuen.
4. Blätterteig zusammenrollen, die Enden zusammendrücken.
5. Bei 180–200 °C goldbraun backen.

Kaninchen-Kesselgulasch

1 Kaninchen (ca. 3,5 kg)
1 kg Kartoffeln
1 kg Zwiebeln
3 Knoblauchzehen
3 Paprika
1 Petersilienwurzel
3 Karotten
2 l Knochenbrühe
½ Sellerie
2–3 EL Rosenpaprika
(oder scharfen Paprika)
1–2 Chilli
(oder 1–2 EL scharfe Chilipaste)
Pfeffer, Salz
Butter oder Schmalz

Für die Tschipetke

80 g Mehl
1 Ei
Ei und Mehl zu einem festen Teig verkneten und zu einer fingerdicken Wurst rollen.

1. Das Kaninchen zerlegen oder das Fleisch von den Knochen lösen.
2. Zwiebeln und Knoblauch klein schneiden.
3. Im Topf Butter (Schmalz) erhitzen, klein geschnittene Zwiebeln und Knoblauch dazugeben.

4. Wenn die Zwiebeln glasig sind, Fleisch und Rosenpaprika zufügen und unter Rühren scharf anbraten. Paprika in Verbindung mit Fleisch wird bei Hitze nicht bitter.

5. Geschnittene Paprika zugeben, mit Brühe auffüllen und ca. 1 Stunde köcheln lassen.

6. Kleingeschnittenes Gemüse, Kartoffeln, Salz, Pfeffer und ein paar Kümmelkerne zugeben.

7. Gewünschte Schärfe abschmecken und Tschipetke hineinzupfen.

8. Nun noch mal richtig durchkochen lassen und abschmecken.

9. Die Kartoffeln und Tschipetke sollten aber nicht zerkochen.

Traditionell wird das Gulasch richtig feurig mit Weißbrotbeilage gegessen und schmeckt am nächsten Tag aufgewärmt am besten!

Kesselgulasch ist ein traditionelles ungarisches Hirtengericht, das natürlich im Freien in einem Kessel über dem offenen Feuer gekocht wird. Ein Topf auf dem Herd tut es zwar auch, aber den wahren Funken weckt die offene Flamme.

CONTACT

in Augsburg e.V.

Im großen Sozialkaufhaus trifft sich Arm und Reich: Die einen, um günstig einzukaufen, die anderen, um aktiv Umweltschutz zu betreiben. Mit den Erlösen hilft der Verein seit 1999 Menschen in schwierigen Lebenslagen.

Roswitha:
Wir haben uns vor 20 Jahren in der Wärmestube kennengelernt. Beim Schachspielen und bei stundenlangen Gesprächen überlegten wir, was wir zusammen mit Obdachlosen und Arbeitslosen machen können.

Mike:
Uns war es wichtig, nicht etwas für die Menschen am Rande der Gesellschaft zu machen, zu denen ich damals auch noch gehörte, sondern mit ihnen, nicht von oben nach unten, sondern auf Augenhöhe zusammenzuarbeiten.

Roswitha:
Mike, du hast contact mit mir zusammen aufgebaut. Und auch das Sozialkaufhaus, das inzwischen eines der größten in Bayern ist. Wir sehen die Arbeit als wichtig für Augsburg.

Mike:
Wir wollten einen Ort der Begegnung schaffen, der nicht nur Bedürftigen und Einsamen hilft. Wir wollten dafür sorgen, dass viele eine sinnvolle Aufgabe haben. Wir wollten Arbeitsplätze schaffen für Menschen, die sonst kaum eine Chance auf dem Arbeitsmarkt haben.

148

Wir wollten Sachen auffangen, die noch brauchbar sind, aber sonst auf dem Müll landen würden. Das alles haben wir geschafft – die Zahlen sprechen für sich: sechs Tonnen Ware täglich, 160 Mitarbeiter – jeweils zur Hälfte fest Angestellte und Freiwillige plus Praktikanten, Studenten und Menschen, die Sozialstunden abzuleisten haben. Und das Ganze hilft nicht nur mir. Ich bin jetzt seit 17 Jahren trocken und gehe regelmäßig zu den Anonymen Alkoholikern.

Roswitha:
Was ist das Besondere an contact?
Mike:
Die Menschen draußen spüren, dass da etwas anders ist als anderswo. Sie kommen gern, nicht nur um Waren abzugeben und billig einzukaufen oder um die Umwelt zu schützen durch die Verwendung von Gebrauchtwaren. Sie spüren Menschlichkeit und Wärme. Es ist ein gutes Arbeitsklima, wir sind wie eine große Familie, auch wenn die Arbeit immer mehr wird. Es ist eine Heimat für viele, die sonst allein in ihren vier Wänden wären. Die Kunden sind ein Teil davon, nehmen Anteil an den Lebensgeschichten. Wichtig ist auch, dass zwar klar ist, wer der Boss ist – du bist die Chefin –, aber alle – Angestellte, Freiwillige und Helfer – spüren, dass sie hier gut

aufgenommen sind, eine Chance haben, für ihr Selbstwertgefühl etwas tun zu können, indem wir auf Augenhöhe arbeiten.
Neue Ideen können ausprobiert werden, vieles ist möglich, weil es wenig Bürokratie gibt. Nationalitäten, Behinderungen und anderes sind dabei nicht wichtig, wichtig ist der Mensch!

Roswitha:
Feste Rituale sind uns wichtig.
Mike:
Gemeinsames Mittagessen für alle Mitarbeiter ist eine gute Möglichkeit, sich auch privat ein bisschen besser kennenzulernen. Das Weihnachtsessen, die Geburtstagskörbe, die Sonnwendfeiern und vieles andere lassen uns immer mehr zusammenrücken.

Roswitha:
Mit dem Überschuss aus dem Sozialkaufhaus haben wir viele Projekte gefördert.
Mike:
Eine große Reihe von Hilfstransporten, Hochwasserhilfe, Hilfen für Geflüchtete, viele Einzelfallhilfen, unser Gemeinschaftsgarten, unsere Strickrunde, Deutschunterricht für Ausländer – all das wird mit dem geleistet, was nach Abzug der doch inzwischen sehr hohen laufenden

Kosten übrig bleibt. Nur ein kleiner Teil der Gelder für die sozialen Hilfen kommt aus Spenden und Zuschüssen. Devise war und ist immer: Hilf denen, denen es schlechter geht als dir.

Roswitha:
Was hat das Projekt dir persönlich gebracht?
Mike:
Schöne Jahre, Freiheit, Weisheit, Lebenserfahrung – und es hat mich vor allem vom Alkohol abgehalten. Ich habe durchgehalten – damit auch andere durchhalten können.

Roswitha:
Was ist wichtig, wenn man sich bei contact engagieren will?
Mike:
Toleranz ist wichtig, anderen helfen wollen, anpacken wollen und können, umweltbewusst denken lernen, Einfühlungsvermögen. Aber auch – wie es Vera einmal so treffend sagte – chaosresistent zu sein. Wenn ein Gespräch wichtig ist, bleibt eben auch mal anderes liegen. Wenn Lebensmittel zu haben sind, die sonst weggeworfen würden, dann wird davon gekocht, oder sie werden weitergegeben – oder eben abends auch mal noch Marmelade gekocht.

Roswitha:
Und die Pläne für die Zukunft?
Mike:
Solche Projekte werden immer notwendiger. Ich wünsche mir, dass es noch mehr so große Läden gibt wie unser Sozialkaufhaus, dass die Menschen umweltbewusster werden – und dass sich dein Traum vom sozialen Ökodorf, vom contact-Dorf, erfüllt!

contact in Augsburg e.V.
Im Tal 8 | 86179 Augsburg
(0821) 8 15 66 15
mail@contact-in-augsburg.de
www.contact-in-augsburg.de
geöffnet Mo.–Fr. 10–19 Uhr | Sa. 10–18 Uhr

Heinz'
GULASCHSUPPE

1 kg Rindfleisch

3 Zwiebeln

3 – 4 EL Öl

½ l Rinderbrühe

1 rote Paprika

1 gelbe Paprika

2 Kartoffeln

2 Karotten

1 TL Senf

2 EL Tomatenmark

2 EL Paprikapulver, edelsüß

1 TL Paprikapulver, scharf

1 TL Kümmel, zerstoßen

1 TL Salz

1 Knoblauchzehe, gepresst
(oder 1 TL Pulver)

2 EL Mehl oder Stärke

etwas Zucker zum abschmecken

1. Kartoffeln und Karotten schälen, Paprika waschen. Alles in Würfel schneiden.

2. Die Zwiebel schälen und fein hacken.

3. Das Fleisch in kleine Würfel schneiden.

4. Öl im Topf erhitzen und die Zwiebelwürfel darin von allen Seiten goldbraun anbraten.

5. Senf und Tomatenmark hinzufügen.

6. Die Fleischwürfel zugeben und 5 Minuten unter ständigem Umwenden rösten.

7. Paprikapulver, Kümmel und das Salz zugeben, mit der Fleischbrühe auffüllen und alles 1 Stunde zugedeckt bei schwacher Hitze garen.

8. Die Kartoffelwürfel, die Paprikawürfel und die Karottenwürfel mit dem Knoblauch in die Suppe rühren und weitere 25 Minuten kochen lassen.

9. Mit Zucker abschmecken.

10. Abschließend mit 2 EL Mehl oder Stärke die Gulaschsuppe binden.

Mit einem Klecks saurer Sahne servieren.

BUDGET BOX
REDUZIERTE KLASSIKER

DEGREE CLOTHING

Im August 2014 öffnete der trendige Laden in der Augsburger Altstadt. Wolfgang und Fabian produzieren und vertreiben zeitgemäße Streetwear aus hochwertigen Materialien, die sowohl ökologisch, als auch fair hergestellt werden.

Roswitha:

Wolfgang, Fabian, ich kannte zwar bis zum Sommer euren Laden noch nicht, obwohl ihr in der Szene schon länger einen Namen habt. Auf der Fair Handels Messe Bayern habe ich aber gesehen, dass ihr euch dort aktiv beteiligt habt.

Fabian:

Fairer Handel und Warenverkauf in Weltläden ist für uns sehr wichtig. Das darf nicht zu kurz kommen. Wir wollen den Umweltgedanken sowohl vorleben als auch vermitteln. Nachhaltig in jeder Richtung. Ich wollte eine klimaneutrale Textilfirma in Augsburg, weil ich gebürtiger Augsburger bin.

Roswitha:

Euer Start als Unternehmer ist eine Story für sich!

Fabian:

Die Idee entstand 2009 mit zwei Freunden während eines achtmonatigen Surfaufenthalts in Neuseeland. Der Lifestyle beim Surfen hat uns auf den Gedanken gebracht, etwas Nach-

haltiges zu machen. Wir wollten den Crewge-
danken durchbringen, ein eigenes Brand haben
und im Titus gelistet sein! Mit meinem Kumpel
Sebastian zusammen haben wir Longboards
in die Produktpalette aufgenommen. Sebastian ist dann schon früher ausgestiegen, mit
Philipp zusammen habe ich eineinhalb Jahre mit
Siebdruck im Keller experimentiert. Die ersten
Shirts haben wir an Kumpels verkauft, bei der
ersten Online-Bestellung sind wir vor Freude
im Dreieck gesprungen! Philipp ist dann doch
lieber Surflehrer geworden. Mit König-von-
Augsburg-Shirts und Minikollektionen habe ich
weitergemacht, aber allein machte es keinen
Spaß. Im Praxissemester habe ich mit Wolfgang
den idealen Partner gefunden. Vor zwei Jahren
haben wir den kleinen Laden am Oberen Graben
(aktuell: Mitterer Lech 18) als Büro gemietet.
Die meiste Zeit waren wir aber unterwegs,
um eine sinnvolle Textilkette aufzubauen. Die
erste eigene Kollektion schufen wir 2015. Wir
arbeiten mit vielen anderen Firmen und Marken
zusammen, nicht gegeneinander. Weil wir eh
schon überall für uns unterwegs waren, um
biologisch angebaute, fair gehandelte Baum-
wolle zu finden, haben wir uns gedacht, dass
wir das doch auch gleich für andere mit machen
können. Deshalb haben wir dann die Textilagen-
tur EU gegründet. Gesponnen und gewebt wird
vorwiegend in Portugal, genäht wird auch in
Deutschland. Über viele Kontakte sind wir auch
nach Bulgarien gekommen, dort werden jetzt
unsere Vinyl-Caps produziert.

Wolfgang:
Wir machen ein Lifestyle-Brand mit einer sinn-
vollen Basis. Wir wollen einen grünen Footprint
hinterlassen, das größte Greenlabel der Welt
werden (lacht). Preistechnisch können wir
mitkonkurrieren, kurze Wege sind ökologischer.
Warum in Indien fertigen, wenn man es auch in
Bulgarien tun kann?

Roswitha:
*Aber es ist richtig, dass ihr immer noch
Studenten seid?*
Fabian:
Wir machen gerade unseren Master in Umwelt-
verfahrenstechnik. Ich finde den Studiengang
einfach toll, weil einem die Grundkenntnisse des
Maschinenbaus vermittelt werden, zugleich
aber auch der Umweltgedanke ein wesentliches
Element ist.

Roswitha:
*Die Firma ist aber doch schon richtig groß
geworden in der kurzen Zeit!*

Fabian (lacht):

Ursprünglich diente das WG-Zimmer als Unternehmenszentrale und Lager. Wenn wir jetzt eine Anfrage bekommen nach 10.000 T-Shirts, z.B. für ein Festival, und die Auftraggeber sehen unseren 25-Quadratmeter-Laden, dann ernten wir Erstaunen, wenn wir sagen: »Kein Problem!«, und das dann auch hinbekommen. Aus Kostengründen haben wir wirklich noch kein größeres Lager. Wenn die Ware aus Portugal kommt, wird immer noch im Haus meiner Eltern umgepackt. Weil uns Nachhaltigkeit so wichtig ist, sehen wir noch nicht ein, warum wir etwas anderes anmieten sollen, solange es so geht.

Wolfgang:

Größtenteils verkaufen wir ja online. Wichtig ist nur, dass wir immer zwei Schritte voraus sind.

Roswitha:

Was hat sich bei euch verändert, seit ihr Unternehmer seid?

Fabian:

Ich bin Vegetarier geworden – einfach aus Konsequenz. Man lebt viel bewusster. Es ist schön, wenn die Kunden sagen: Endlich gibt es euch. Wir haben viele junge Kunden, aber auch viele ältere.

Wolfgang:

Man kriegt einen anderen Blick. Insgesamt sind wir aber entspannter geworden.

Fabian:

Man kommt in der Welt an, wird zufriedener. Man kann viel Geld haben – schön. Man kann auch keines haben – auch schön!

Roswitha:

Ihr seid wirklich so cool, wie ihr euch gebt!

Wolfgang:

Wir leben das, was hier hängt.

Fabian:

Mich hat der Standardkonsum so gelangweilt! Unsere Fans sind so geil. Und es macht uns selbst viel Spaß. Wir legen z.B. in die Kundenpakete, die wir verschicken, witzige Briefe mit rein. Heute habe ich ein Paket für einen Kunden zur Post gebracht mit einem Kleid drin. Es liegt ein Zettel bei: »Wir wünschen dir viel Freude mit dem Kleid, egal ob es für dich oder für deine Freundin ist.«

Degree Clothing GmbH
Mittlerer Lech 18 | 86150 Augsburg
www.dgr-clothing.de
info@dgr-clothing.de

NUDELN SURF

à la Surfcoach Phil

1 Schuss kalt gepresstes Olivenöl

4 Bio-Eier

½ Knoblauchzehe

½ Zwiebel

150 ml Milch

2 Muscheln voll Herbes de Provence (getrocknet)

1 Prise Salz und Pfeffer

250 g Farfalle oder Spiralnudeln
(Menge je nach Wellengang)

200 g sonnengereifte Fleischtomaten

Für das optimale Geschmackserlebnis werden die orig. »Nudeln Surf« auf einem Surfboard als Tisch angerichtet.

1. Nudeln in kochendem Salzwasser garen.

2. Tomaten waschen und würfeln. Knoblauch schälen und hacken.

3. Knoblauch, Eier, Milch und Wasser verquirlen.

4. Mit Salz und Pfeffer würzen.

5. Das Olivenöl in einer beschichteten Pfanne leicht erhitzen.

6. Abgetropfte Nudeln und fein geschnittene Zwiebel- und Tomatenwürfel zufügen.

7. Das Ei-Milch-Gemisch darüber gießen und bei schwacher Hitze stocken lassen.

8. Mit Pfeffer bestreuen und bei Laune mit einer Chilli-Schote als Dekoration verzieren.

DIE GANZE BÄCKEREI

In den Räumen finden Vorträge und Vortragsreihen, Seminare, Workshops oder auch Filmabende statt. Diverse politische Gruppen, Initiativen und Lesekreise können den Ort für Treffen, Diskussionen und für die Koordination eigener Aktionen nutzen.

Roswitha:

Wenn ich sehe, was ihr alles macht, wie kann ich das zusammenfassen?

Plenum:

Wir wollen nichts weiter als die Gesellschaft ändern! Aber wir sagen nicht: So ist es richtig und geben eine bestimmte Meinung vor. Man nimmt untereinander eine Position ein und vertritt seine Ideale. Wir wollen den emanzipatorischen Charakter hochhalten. Unsere Grundwerte sind u. a.: kein Rassismus, kein Sexismus. Und die sind nicht verhandelbar! Radikalisierung im positiven Sinn!

Roswitha:

Das klingt jetzt etwas theoretisch. Wie sieht das denn praktisch aus und wie ist »Die ganze Bäckerei« entstanden?

Plenum:

Die Bäckerei hat jeden zweiten Donnerstag Plenum. Es gibt ein Team, das die Einkäufe erledigt, für die Vokü kocht und den Laden schmeißt. Andere organisieren Vorträge wie die letzte Vortragsreihe »Herrschaftszeiten und dämliche Zustände«, worin es um eine Auseinandersetzung mit Geschlechterrollen ging. Wir hatten 2015 eine Vortragsreihe mit insgesamt acht

Veranstaltungen und sieben weitere außerhalb der Reihe. Wir wollen den Bildungsanspruch, den wir an uns haben, hochhalten und Interessierten über die Vorträge die Möglichkeit bieten, einen Einstieg in linke Theorie und Praxis zu finden. Mitglieder kommen aber auch zu den wöchentlichen Treffen wegen des veganen Essens, das von wechselnden Teams in Eigenregie gekocht wird. Es gibt keinen Chefkoch, jede Idee ist willkommen. Was übrig bleibt, wird nicht weggeworfen, sondern weitergegeben. Alles in allem gilt bei uns das Prinzip der Selbstverwaltung.

Schon bevor »Die ganze Bäckerei« so hieß, gab's unter verschiedenen Namen und wechselnden Orten in Augsburg einen linken Szenetreff, der bis ins Jahr 1968 zurückreicht. Im Jahr 2003 entstand der Kulturladen Ganze Bäckerei, kurz danach auch die Vokü, damals noch im Reitmayergäßchen und seit 2014 sind wir jetzt in der Frauentorstraße und es läuft richtig gut. Ein Teil der Möbel ist aus eurem Sozialkaufhaus, denn DIY ist auch wichtig für uns.

Roswitha:
Und woher kommt der Name?
Plenum:
Ganz einfach: Wir wollen nicht nur ein Stück vom Kuchen, wir wollen die ganze Bäckerei! Witzigerweise war der Infoladen im Reitmayergäßchen laut den Plänen früher tatsächlich mal eine Bäckerei. Da bot sich der Name dann geradezu an.

Roswitha:
Was motiviert euch, Zeit zu investieren?
Plenum:
Wir können andere treffen, die aus ähnlichen Motiven heraus an den herrschenden Zuständen Veränderungen wollen. Deckung mit den gemeinsamen Idealen, Neugier auf andere Themen, Offenheit gegenüber anderen Menschen und neuen Ideen sind Dinge, die uns wichtig sind. Wir wollen, dass die Leute befähigt werden, selbst etwas in die Hand zu nehmen, selbst Teil der Veränderung zu sein.

Roswitha:
Habt ihr euch dabei persönlich entwickelt?
Plenum:
Ja, auf alle Fälle. Die Lernkurve ist steil und geht immer noch nach oben. Das Leben und das Arbeitsleben verlangt nach einer Analyse. Man sollte alles neu betrachten. Hinter jede Aussage gehört ein Fragezeichen. Und a plus b ist nicht immer gleich c!

Man lernt Gruppen und Initiativen kennen und merkt, man hat durchaus etwas gemein. Mit denen will man wieder etwas machen. Oder auch umgekehrt: Mit euch nicht mehr, weil die Vorstellungen nicht kompatibel sind.

Roswitha:
Und wenn es mal nicht so lief, was hat euch durchhalten lassen?

Plenum:
Es ist immer anstrengend, denn es braucht Zeit und Kraft, um sich auseinanderzusetzen. Und wenn man so viel auf Freiwilligkeit angewiesen ist, gibt es immer mal Durchhänger. Wir sind zwar überwiegend junge Leute, denn tendenziell nimmt das Engagement ab, wenn Familie und Kinder wichtiger werden. Aber die Oldies sind dann das stabilisierende Element, in Zeiten der Flaute kommt es auf sie an. Schön ist, wenn Leute zurückkommen und sich wieder engagieren, so nach dem Motto: »Da war doch noch was.«

Roswitha:
Was sind eure Wünsche für die Zukunft?

Plenum:
Nachbarn, die uns aushalten! Mehr Leute, die kommen und mitmachen. Mehr Vernetzung für ein solidarisches Miteinander und ein besseres Leben für alle. Wir drücken das gern mit einem Spruch von Adorno aus: »(...) Den besseren Zustand aber denken als den, in dem man ohne Angst verschieden sein kann!«

Die ganze Bäckerei
Frauentorstr. 34 | 86152 Augsburg
infoladenaugsburg@riseup.net

KARTOFFELBÄLLCHEN
in scharfer
CURRYSOSSE

Bällchen

300 g festkochende Kartoffeln, frisch gekocht
100 g rote oder gelbe Linsen
225 ml Wasser
½ TL Kreuzkümmel
½ TL Kurkuma
1 TL Paprikapulver
1 EL Öl
Pfeffer, Salz
frische Petersilie, gehackt
Mehl, Semmelbrösel und Öl zum Braten

1. Abgekühlte Kartoffeln schälen und mit einer Gabel zerkleinern.
2. Linsen gar kochen, abkühlen lassen und mit den Kartoffeln mischen.
3. Mit Kreuzkümmel, Kurkuma, Paprikapulver, Öl, Pfeffer, Salz und Petersilie abschmecken.
4. Wenn die Masse zu weich ist, mit ein paar Löffeln Mehl vermengen.
5. Masse zu ca. 8 Bällchen formen, in Semmelbrösel wenden und in einer Pfanne mit ausreichend Öl goldbraun braten.

Currysoße

2 EL Öl
1 kleine Zwiebel
2 TL rote Currypaste
1 Stück Ingwer
1 Dose ganze Tomaten
200 ml Kokosmilch
Salz
frische Petersilie, gehackt

1. Zwiebeln in Öl kurz anbraten, Currypaste und Ingwer dazu.
2. Dann Tomaten dazugeben und mit dem Kochlöffel etwas zerkleinern und für ein paar Minuten weiter anbraten.
3. Die Masse mit dem Stabmixer pürieren, in der Pfanne mit Kokosmilch mischen und nach Geschmack würzen.

Kann man auch gut mit Reis essen.

FOODSHARING
Augsburg

Foodsharing ist eine Initiative, um Lebensmittel aller Art zu retten. Über 300 Botschafter*Innen koordinieren die Freiwilligen in den jeweiligen Regionen. Alles basiert auf ehrenamtlichem und unentgeltlichem Engagement.

Roswitha:

Toni und Elke, wir kennen uns, seit ihr am Eingang des Sozialkaufhauses den vierten »Fair-Teiler« in Augsburg eingerichtet habt. Was hat euch zu »foodsharing« gebracht?

Elke:

Ich bin auf dem Dorf aufgewachsen. Wir haben alles selbst angebaut, daher weiß ich zu schätzen, wie viel Aufwand das ist. Und weggeworfen wurde gar nichts. Was nicht aufgegessen wurde, gab es am nächsten Tag noch mal. Über »foodsharing« habe ich in einem Internetforum gelesen. Eigentlich wollte ich nur Lebensmittel retten, in der Freizeit was Sinnvolles machen – und schnell war ich Augsburgs erste Botschafterin.

Toni:

Ich kam erst später dazu. Ich bin zusätzlich noch für einen Meditationsverein ehrenamtlich tätig. Nachdem ich das Buch von Raphael Fellner »Glücklich ohne Geld« gelesen hatte, habe ich mich auf der Plattform von »foodsharing« angemeldet. Ich wollte einfach selbst gern dabei sein, hätte nie gedacht, dass ich so schnell

Botschafter werde. Mich begeistert, dass es möglich ist, so eine aktive Initiative am Laufen zu halten ohne einen Verein zu gründen, ohne Geld und nur mit Privatpersonen.

Roswitha:
Wie habt ihr angefangen und wie läuft »foods-haring« jetzt in Augsburg?
Elke:
Wir waren eine lockere Gruppe, die sich zum Kochen getroffen hat. Im Februar 2015 formierte es sich dann, eine Botschafterin aus München war mit dabei. Wir hatten erste Kooperationen, so heißen die Betriebe, die uns ihre übrigen Lebensmittel überlassen. Der Bioladen »Mutter Erde« war die erste und ist auch heute noch dabei. Anfangs waren wir fünf Leute, die sich abgewechselt haben, sieben Tage die Woche. Mit der Zahl der Kooperationen ist das Ganze gewachsen.
Toni:
Jetzt sind wir 30 bis 40 Aktive, ca. 20 Betriebe, das heißt ca. 30 Abholungen pro Woche. Abgeholt wird so weit wie möglich mit dem Fahrrad oder mit öffentlichen Verkehrsmitteln. Es muss ökologisch zu vertreten sein. Verteilt wird von privat für privat. Die ganze Nachbarschaft wird versorgt, ich hatte noch nie so guten

Kontakt mit meinen Nachbarn. Am Anfang hat sich niemand getraut, etwas anzunehmen: »Das können wir uns doch selbst kaufen.« Jetzt haben alle verstanden, dass es vor allem darum geht, den Lebensmitteln eine zweite Chance zu geben. Die Kinder kommen angelaufen, wenn ich nach Hause komme, um zu schauen, was ich mitbringe. Was zu viel ist, kommt in die »Fair-Teiler«. Mir gibt es Zufriedenheit, ich tue gern etwas für andere.
Elke:
Bei mir ist es auch so. Es ergeben sich viele schöne Kontakte, nicht nur unter den »Food-savern«.
Zusammen mit der »Bikekitchen« haben wir sogar ein Lastenfahrrad für unsere Zwecke gebaut.
Wir sind stolz, etwas Neues aufgebaut zu haben, damit auch in Augsburg Lebensmittel gerettet werden können. Die Augsburger Mentalität der Skepsis machte es am Anfang etwas schwer. Bevor wir den ersten »Fair-Teiler« hatten, haben wir alles an einem Treffpunkt verteilt, doch kaum jemand kam. Wir mussten bitten und betteln, dass die wenigen dann etwas mitnahmen. Mit der Zeit wurde es dann besser. Dennoch muss bei den Menschen noch mehr ankommen, worum es geht: Dass jeder und

jede einen Beitrag dazu leisten kann, Lebensmittel zu retten. Es gibt für uns ein monatliches Treffen zum Erfahrungsaustausch, weil jeder für sich arbeitet. Großabholungen machen wir auch gemeinsam, und das sind immer wieder tolle Erlebnisse. Verteilen ist einfach schön, es ist friedlich, wir können fair teilen. Auch wenn wir uns wieder mal die halbe Nacht um die Ohren geschlagen haben, sagen wir danach: »Mei, schee wars!«

Toni:
Wir brauchen nach größeren Abholungen mindestens eine bis zwei Stunden zum Verräumen. Meine Frau und ich haben uns inzwischen eine größere Gefriertruhe zugelegt. Man probiert einfach mehr aus, man kocht spontaner und anders als früher. Manchmal lassen es sich die Nachbarn auch nicht nehmen und verwöhnen uns mit selbst gemachter Marmelade, Chutneys und anderem.

Elke:
Wenn viel da ist, wird auch abends um neun noch Gemüse eingelegt oder Obst verarbeitet. Und bei vielen Gurken gibt es drei Mal in der Woche Tsatsiki. Zweiter Zweck bei »foodsharing« ist es, Bewusstsein zu schaffen, sodass unsere Arbeit vielleicht irgendwann einmal überflüssig wird, weil jeder aufpasst und mitdenkt.

Wir merken, dass sich langsam etwas ändert: Bei manchen Kooperationen, mit denen wir seit Längerem zusammenarbeiten, sind es schon weniger Lebensmittel, die wir abholen. Wenn ihr euch privat an »foodsharing« beteiligen wollt: Schaut auf die Internetseite www.foodsharing.de und meldet euch dort an. So könnt ihr Lebensmittel teilen, wenn ihr in den Urlaub fahrt, eine Feier hattet oder aus anderen Gründen Essen übrig bleibt.

www.foodsharing.de
augsburg@lebensmittelretten.de

GEMÜSEPFANN-KUCHEN

8 Stück

300 g Mehl
(z.B. 150 g Vollkornmehl, 150 g weißes Mehl)
½ TL Salz
½ TL Backpulver
150 ml Reismilch
(oder andere ungesüßte Pflanzenmilch)
400 ml Sprudelwasser
500 g gemischtes Gemüse
(z.B. Karotten, Zucchini, Champignons, Paprika
nach Lust und Laune bzw. was gerade da ist)
1 Knoblauchzehe
nach Geschmack etwas Chili
1 EL Olivenöl
1–2 EL Balsamico
etwas Sojasauce
Salz, Pfeffer
Petersilie
Öl zum Ausbacken

1. Für den Pfannkuchenteig Mehl, Salz und Backpulver in einer Schüssel mischen. Reismilch und Wasser dazugeben, alles mit einem Schneebesen zu einem eher flüssigen Teig verrühren und etwa 10 Minuten stehen lassen. Falls nötig, noch etwas Wasser zugeben.
2. Das Gemüse und den Knoblauch in kleine Würfel bzw. Streifen schneiden und in etwas Olivenöl braten. Mit Balsamico, Sojasauce, Salz und Pfeffer würzen. Zuletzt die gehackte Petersilie unterrühren und das Gemüse warmstellen.
3. Die Pfannkuchen mit dem Öl in einer Pfanne ausbacken und mit dem Gemüse füllen.

Schmeckt warm oder kalt.

GRANDHOTEL COSMOPOLIS
e.V.

Ein leerstehendes Altersheim in der Augsburger Altstadt wird zur Verhandlungszone für die Anerkennung einer kosmopolitischen Wirklichkeit in unserer Gesellschaft. Was anfangs eine kühne Idee war, wächst tagtäglich und wirkt weit über die Hausmauern hinaus. Die Soziale Plastik schafft Lebensräume: Nicht nur für 65 Menschen, die als Asylbewerber*innen bezeichnet und der integrierten Flüchtlingsunterkunft von der Landesregierung zugeteilt werden; für Gäste in 16 von Expert*innen individuell gestalteten Hotel-und Hostelzimmern, für die Zusammenarbeit in offenen Lernwerkstätten und interdisziplinär genutzten Ateliers. Als Bühne für das Zusammenspiel aller künstlerischen Ausdrucksformen. Als interkultureller Treffpunkt in der Café-Bar, als kosmopolitisch organisierter Küchenbetrieb mit wachsendem Formatkatalog und als Lobby für Reisende aller Art. Gäste zahlen den Preis, den sie für richtig halten.

Roswitha:

Das Grandhotel hat nicht nur in Augsburg, sondern wirklich weltweit große Wellen geschlagen durch das einzigartige Konzept. Filippo, warst du von Anfang an dabei?

Filippo:

Nein, angefangen haben Sebastian, Michael und Georg. Ich kam im August 2012 ins Haus. Eigentlich war es nur als Zwischenstopp zwischen zwei Jobs gedacht. Ich hätte damals nie gedacht, dass ich nach fünf Jahren immer noch jeden Tag hier bin, aber für mich ist es nach

wie vor ein großer Spielplatz, der ungeahnte Möglichkeiten birgt.

Roswitha:

Die Idee gab es also schon, als du kamst.

Filippo:

Die Diakonie hatte bereits den Gedanken, in dem leer stehenden ehemaligen Altersheim Flüchtlinge zu beherbergen. Künstler wie Stef und Georg haben Raum und Möglichkeiten gesucht für ihre kreative Arbeit. Gleichzeitig sollte Michael für einen Kunden einen als Hotel

geeigneten Platz in Augsburg suchen. So
kamen erste Gespräche mit Herrn Pfarrer Grass-
mann von der Diakonie zustande. Im dritten
Stock des Gebäudes wurde ein erstes Konzept
geschrieben, das diese drei so verschiedenen Teile miteinander vereint. Unterstützer
und Helfer kamen dazu, die Gruppe ist schnell
gewachsen. Wir fingen mit der Renovierung
des großen Gebäudes an, ohne zu wissen, ob
die Idee wirklich realisiert werden kann. Ein
Beherbergungsbetrieb war an dem Ort anhand
des bestehenden Bebauungsplans nicht zuläs-
sig und der Widerstand der Nachbarn gegen
eine Unterkunft für Geflüchtete war anfangs
groß. Es dauerte lange, bis die Genehmigungen
durch waren. Es war für alle ein sehr positives Erlebnis, als die ersten Gäste eingezogen
sind. Unser Anliegen ist es nach wie vor, den
ankommenden Menschen den Weg in ihre neue
Heimat zu erleichtern. Manche hängen aber
seit drei Jahren in ihrem Asylverfahren fest.
Das ist deprimierend. Viele kommen auch
hierher, obwohl sie nicht bei uns untergebracht
sind.

Susa:
Alle Flüchtlinge glauben, sie kommen schnell
durch das Verfahren, und sitzen jetzt hier fest
und bekommen Lagerkoller. Die Perspektiven sind

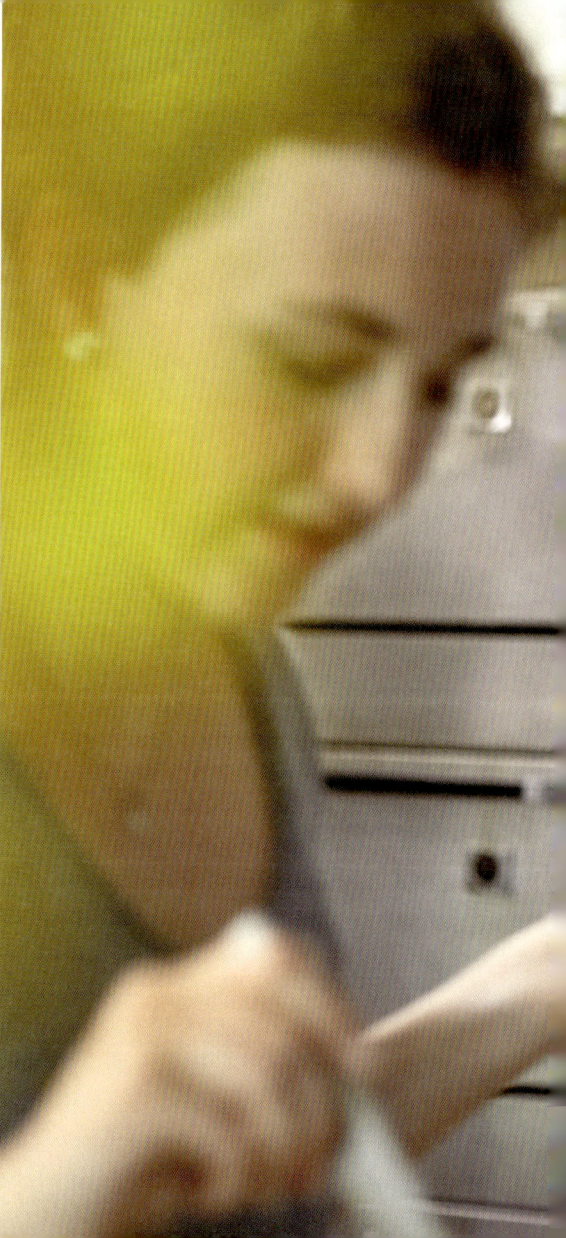

nicht sicher, die Asylpolitk ändert sich ständig. Wir wissen um die Schicksale und die Verfolgung, aber plötzlich soll das Land ein sicheres Herkunftsland sein. Es ist für uns alle eine große Herausforderung, denn wir hatten sehr unbedarft angefangen. Wir hatten den Plan, die Flüchtlinge an allem partizipieren zu lassen. Das funktioniert aber nur teilweise, denn sie sind fast alle traumatisiert und können ihr Leben nicht so leben, wie es ihre Vorstellungen waren.

Lena:
Für uns geht es nicht nur um Asyl, sondern um Menschenrechte auf Augenhöhe.

Roswitha:
Ihr beschäftigt euch viel mit den Menschen, aber das Grandhotel ist einfach auch ein großes Sozialunternehmen geworden.

Lena:
Es gibt immer so Phasen. In diesem Jahr mussten wir uns aktiv mit Zahlen auseinandersetzen. Ein Teil der Finanzierung kommt aus den eigenen Betrieben – dem Hotel, der Lobby, der Gastronomie, der Café-Bar, den Veranstaltungen. Ein großer Teil sind Zuschüsse, meist aus Stiftungen. Dabei gibt es jedes Jahr neue Komponenten.

Roswitha:
Ihr habt aber auch wirklich immer alles getan, um die Kosten niedrig zu halten. Die gesamte Renovierung wurde mit Freiwilligen gestemmt. Zimmereinrichtungen wurden aus Wohnungsauflösungen oder bei contact geholt. Den Beherbergungsbetrieb und alles andere machen immer noch Freiwillige. Und jetzt – seit auch noch die Küche im Untergeschoss fertig ist – wird von Freiwilligen gekocht.

Lena:
Wir treffen uns und wir kochen zusammen: Das ist, was zählt. Nicht woher man kommt oder was der Status ist. Das Essen ist immer kosmopolitisch und vegetarisch. Wichtig ist uns niedrigster Wareneinsatz bei höchster Qualität. Dass wir nicht vorher sagen können, was wir kochen, ist für unsere Hotelgäste manchmal schwierig. Aber es wird danach gekocht, was der Biobauer Pfänder eben gerade hat. Das erfordert sowohl materiell als auch personell viel Improvisation und Koordination.

Roswitha:
Hasib, dich haben wir schon als Fahrradspezialisten bei anderen Institutionen getroffen. Jetzt bist du der Koch heute im Grandhotel und wir haben erfahren, dass immer besonders viele

Leute zum Essen kommen, wenn du kochst.
Du bist ein richtiges Multitalent!

Hasib:

Ich habe alles selbst lernen müssen, auch das Kochen. Kochen macht mir Spaß, auch wenn es 40 bis 50 Essen sind, die ausgegeben werden. Ich war 15 Jahre allein im Iran als Elektriker und musste dort für mich kochen. Ich stamme aus Afghanistan. 2013 konnte ich mit meiner Frau und meinem kleinen Sohn nach Deutschland fliehen. Wir hoffen sehr, dass wir hier bleiben können.

Roswitha:

Wir sehen hier auch Elisa, die junge Französin, die ein Jahr über einen europäischen Austausch hier sein konnte. In der Küche helfen aber auch Schüler.

Lena:

Es ist eine der vielen Kooperationen, die mit dem Grandhotel zusammenarbeiten.

Roswitha:

Nach dem leckeren Essen sitzen wir im herrlichen Garten vom Grandhotel. Susa, du bist heute erst wieder aus Berlin zurückgekommen.

Susa:

Berlin-Kreuzberg ist seit 20 Jahren meine Heimat. Seit fünf Jahren arbeite ich im Grandhotel mit und pendle ständig. Ehrlich gesagt weiß ich im Moment nicht, wo mein Zuhause ist. Ich habe in Berlin auch schon in Projekten mitgearbeitet. Georg und Stefan lernte ich auch in einem Projekt kennen. Mit dem Grandhotel ging es mir wie vielen anderen: Ich wollte nur mal vorbeischauen und bin hängengeblieben. In Berlin würde so ein Projekt gar nicht so viel Resonanz finden. Hier ist extrem viel Orga erforderlich, Förderungen sind zu managen. Es ist spannend, etwas neu aufzubauen. Das Grandhotel ist eingetaucht in die Welle, die kommt.

Grandhotel Cosmopolis e.V.
Springergässchen 5 | 86152 Augsburg
www.grandhotel-cosmopolis.org
willkommen@grandhotel-cosmopolis.org

Okra

5 kg Okraschoten
2 kg Zwiebeln
2 Chilischoten
4 Flaschen passierte Tomaten
Sonnenblumenöl
Salz
Pfeffer
Nelken
Koriander
Curry
Knoblauchzehen
Kurkuma

1. Zwiebeln in kleine Würfel
schneiden, im Öl andünsten.
2. Okraschoten dazugeben,
kurz anbraten.
3. Passierte Tomaten,
 gepressten Knoblauch,
Gewürze dazugeben.
4. Im Backofen in einer
großen Fettpfanne bei
180 °C backen.

BASMATIREIS
mit
SPINAT & OKRA

Hasib kocht Freestyle und deshalb können bei diesem Rezept
nicht überall Mengenangaben gemacht werden.
Als er uns bekochte, reichte es für ca. 30 Personen!

Spinat

Öl
Zwiebeln
Knoblauchzehen
Spinat
Salz, Pfeffer
Koriander frisch
Nelken
Kreuzkümmel
Zitronenschale gerieben

1. Zwiebeln in Öl andünsten.
2. Spinat, Knoblauch und Koriander
dazugeben.
3. Auf niedriger Stufe köcheln lassen.
4. Mit Pfeffer, Salz und Gewürzen
abschmecken.
5. Nach 30 Minuten die Zitronenschale
dazugeben.

Basmatireis

1. Reis 3 Stunden in Wasser einweichen.
2. Wasser zum Kochen bringen, Reis
hinzufügen (1 Teil Reis, 4 Teile Wasser).
Salz und 1 EL Öl hinzufügen.
3. 20 Minuten köcheln lassen, danach
Wasser abgießen.
4. Den Topfboden mit Öl bedecken und den
Reis in den Topf geben.
5. Reis zusammen mit Kreuzkümmel und
zerstoßenem grünen Kardamom anbraten.
Mit ein wenig Öl übergießen.
6. Den Topf mit Deckel und einem Tuch abdecken. 2 Minuten auf höchster Stufe und dann
30 Minuten auf kleinster Stufe dämpfen lassen.

HAUNSTETTEN.DE

www.haunstetten.de liefert aktuelle Nachrichten, einen Kalender, Freizeitvorschläge, Veranstaltungen und allgemeine Informationen über den Stadtteil Haunstetten. Die Internetseite und die Facebookseite von haunstetten.de sind nicht kommerziell, sondern rein ehrenamtlich erstellt und betreut.

Roswitha:

Thomas, du stellst aktuelle Pressemeldungen über Haunstetten auf die Website und die facebook-Seite.

Thomas:

Da ich fast mein ganzes Leben in Haunstetten lebe und dieser Ort meine Heimat ist, habe

ich mir die Domain »haunstetten.de« schon im Januar 2000 reservieren lassen mit dem Gedanken, den Stadtteil Haunstetten ins Internet zu bringen und laufend zu berichten. Das musste damals recht schnell gehen, die Seite online zu bringen, da es mehrere Anfragen dafür gab. Meine ersten Informationen und Berichte habe ich Ende 2000 online gestellt. Ich gehe mit offenen Augen durch Haunstetten, um Informationen zu finden. Auch führe ich viele Gespräche, durch die ich sehr viele – teilweise sehr alte – Berichte über Haunstetten erhalte.

Um eine Internetseite professionell zu betreiben, braucht es viel Geld und viel Zeit. Beides ist bei mir nur sehr begrenzt vorhanden. Pressemeldungen, die interessant wären, kosten zu viel Geld. Daher bin ich immer darauf angewiesen, dass ich Informationen von Vereinen, Verbänden und anderen Einrichtungen und Personen zugesandt bekomme, am besten an meine E-Mail-Adresse. Ohne diese Hilfe würde es nicht funktionieren.

Roswitha:

Wir hatten uns sehr über die Bilder von unserer Feier zum 15-jährigen Vereinsbestehen von »contact« im Januar 2015 gefreut, die du gemacht und ins Netz gestellt hast.

Thomas:

Das freut mich zu hören. Mit den mir möglichen Mitteln versuche ich, das Beste herauszuholen und fotografieren ist einfach mein Hobby. Ich habe bei mir zu Hause sogar ein kleines Fotostudio eingerichtet.

Roswitha:

Es ist so gut, wenn wir in Haunstetten immer mit den neuesten Information versorgt werden. Aber für dich bedeutet es eigentlich eine Menge Arbeit.

Thomas:

Das kann man wohl sagen. Aber solange mir diese Arbeit Spaß macht und ich in Haunstetten etwas berichten kann, lohnt sich der Aufwand. Außerdem haben die Menschen sehr großes Interesse daran. Mit »facebook« kam noch mal ein großer Aufschwung und der Charakter hat sich etwas geändert. Aktuelle Pressemeldungen, die dort zu sehen sind, erhalten dann auch deutlich mehr Klicks auf der Website haunstetten.de. Sogar aus dem Ausland! Ob aus Asien, Amerika oder dem mittleren Osten, es ist schön zu sehen, dass die Heimatverbundenheit keine geografischen Grenzen kennt. Über diese Art der Vernetzung freue ich mich ganz besonders. Vor allem hätte ich nie gedacht, dass es mal so groß wird. Eigentlich sehe ich die Resonanz nur aus der Zahl der Klicks, die sich im fünfstelligen Bereich befinden. Das ist ein großer Erfolg für mich. Und obwohl ich Berufspendler bin, halte ich alles, soweit möglich, auf dem aktuellen Stand.

Roswitha:
Du leistest da wirklich einen großen Beitrag für den Stadtteil.
Thomas:
Vielen Dank. Ich bin auch dankbar über jede Kritik, nur so kann ich besser werden. Aber auch Dankesbriefe oder Spenden nehme ich gerne an. Die Seite aufgeben wäre schade, denn viele sagen mir, wie wichtig die Informationen für sie sind. Sie können spontan die eine oder andere Veranstaltung besuchen, von der sie sonst nichts gewusst hätten. Es ist auch ein Beitrag gegen Vereinsamung und Anonymität im Stadtteil.

haunstetten.de
www.haunstetten.de
email@haunstetten.de

KÄSESPÄTZLE

für 4 Personen

500 g Mehl
1 EL Öl oder Butter
ca. 200 ml Wasser (am besten mit Kohlensäure, dann werden die Spätzle fluffiger)
2 Prisen Salz
6 Eier (pro Person mindestens 1 Ei, mehr Eier machen die Spätzle gelber)
3 große Zwiebeln
300 g Käse, gerieben (je nach Geschmack Emmentaler, würziger Bergkäse oder Romadur)

1. Das Mehl, die Eier, Öl, Salz und Wasser nach Bedarf und Größe der Eier dazugeben, so viel, dass durch das Verrühren und Kneten ein zäh-flüssiger Teig entsteht. Danach den Teig etwas ruhen lassen.

2. Währenddessen kann das Salzwasser in einem großen Topf zum Kochen gebracht werden.

3. Den Backofen auf 180 °C vorheizen.

4. Den Teig dann löffelweise mit dem Spätzlehobel in das kochende Wasser drücken oder den Teig über ein Brett ins kochende Wasser schaben.

5. Die Spätzle steigen nach kurzer Kochzeit auf. Diese mit dem Schaumlöffel herausnehmen, abtropfen lassen und in eine feuerfeste Form geben. Immer schichtweise den geriebenen Käse zwischen die Spätzlelagen streuen. Die letzte Schicht sollten Spätzle sein.

6. Die Form für einige Minuten in den Backofen schieben, damit der Käse gut verläuft und oben die Spätzle braun und rösch werden. Anschließend die in Butter braun gerösteten Zwiebeln darübergeben.

Dazu kann grüner Salat oder Gurkensalat gereicht werden.

INTERNATIONALE KELLERUNI
Herrenbach

Die »I Ku« versteht sich als Ort der Begegnung und des gemeinsamen Lernens für alle Menschen. Jeder hat Talente und alle diese Talente können eingebracht werden.
Jeder ist zugleich Lernender und Lehrender.
Gemeinsam suchen wir nach Formen eines nachhaltigen Zusammenlebens.

Roswitha:

Peter, die »I Ku« hatte schon so viele interessante Themen, dass ich gern öfter dabei wäre. Ich habe es bisher nur ein paar Mal geschafft. Erzähl' uns mehr über die Uni, an der jeder teilnehmen kann.

Peter:

Der Begriff »Uni« ist nicht geschützt. Deshalb nannte mein Freund Günter Wurm seine Ver-anstaltungen in Unterbergen Stadluni, an der jeder teilnehmen kann, zum Zuhören aber auch um selbst ein Thema zu gestalten. Ich dachte mir, das wäre doch auch was für Augsburg. Wir haben die Idee übernommen und treffen uns seit ca. drei Jahren in einem Kellerraum der AWO im Herrenbach.

Deshalb Kelleruni und international sind wir sowieso. Die Herausforderung liegt darin, wach und offen zu sein und interessante Themen zu finden, aber auch welche abzuwehren, wenn es in eine Richtung gehen soll, die nun wirklich gar nicht zu uns passt. Jeden Monat gibt es eine Vorlesung. Wenn jemand sagt, ich hätte da einen interessanten Beitrag, dann wird nach einem passenden Termin gesucht. Die Zahl der Teilnehmer variiert je nach Thema sehr stark, es ist eine Wellenbewegung und es lässt sich nicht vorhersagen, wie viele kommen werden, obwohl inzwischen 130 Personen im Verteiler sind.

Roswitha:
Es gibt bei euch ein Studienbuch wie bei einem richtigen Studium, aber trotzdem ist alles etwas anders.

Peter:
Wir waren erst vor Kurzem paddeln auf der Altmühl, wenn du das meinst, und sind danach noch lange zusammengesessen. Nein, im Ernst. Es ist wirklich anders und viel mehr. Es gibt weder Studiengebühren noch Mitgliedsbeiträge noch Eintrittsgelder, die Teilnahme ist kostenlos, die Ausgaben lassen sich durch Spenden decken. Man kennt sich, man kommt aufeinander zu, man tauscht Infos aus. Jenseits des jeweiligen Themas steht die Begegnung. Weil wir unsere Vorlesungen als ein ganzheitliches

Ereignis verstehen, wollen wir dabei auch jeweils zusammen essen und trinken. Jeder bringt etwas mit. Wie verschieden die Themen sind, zeigt die Liste der bisherigen Veranstaltungen auf unserer Website. Wir möchten alle dazu animieren, einmal ein Thema zu gestalten, denn jeder kann etwas. Gerade dadurch wird das Programm sehr bunt. Aber für viele ist es sehr schwierig zu sagen: Ich habe das oder jenes Talent. Die erste programmatische Vorlesung hielt mein Sohn Jonas über den »Club of Rome« und dessen Bericht über die Grenzen des Wachstums, um damit die Richtung etwas vorgeben zu können. Super war, dass gleich bei der Premiere ungefähr 40 Interessierte da waren. Wir laden aber auch Gastdozenten zu uns ein. Zum Beispiel waren Leute vom Forum »Fließendes Geld« da und sprachen über die Funktion von Geld. Oft sind wir in unserem Kellerraum, oft sind wir aber auch draußen, wie bei dem Besuch bei euch im Sozialkaufhaus und deinem Vortrag darüber; oder beim Thema »Baumschnitt« oder beim Lehmbauvortrag mit Vorführung. Den hatte Jonas zusammen mit Mustafa gemacht, der leider viel zu früh verstorben ist. Der christlich-buddhistische Dialog ist mein Thema und Mustafa war dabei so wichtig, weil er praktizierender Buddhist war. Es sind aber auch viele andere Religionen vertreten, wie z.B. Aleviten, jüdische Türken usw. Interessant ist, dass viele über Religion sprechen wollen. Wir haben hier sowieso viele Nationalitäten, Religionen und Altersgruppen, weil wir keine Voraussetzungen haben. Die Kelleruni bietet so ein innovatives Bildungsangebot und ist ein schöner Ort der Begegnung.

Roswitha:

Du steckst sehr viel deiner Freizeit in das Projekt. Was hat es dir gebracht?

Peter:

Schön sind die Begegnungen mit den Menschen, man kann andere Leute, andere Gruppen kennenlernen. Es schafft Kontakte in Augsburg. Man lernt, etwas zu bewegen, Hoffnung als ganzheitlicher Ansatz. Ich gehe nie leer raus, alle anderen gehen auch nicht leer raus. Die Energie ist bei allen da, dass es weitergeführt werden soll.

Roswitha:

Was wäre schön für die Zukunft?

Peter:

Weiterhin eine lebendige Gemeinschaft, viele gute Ideen für Themen. Religion ist eine ganz wichtige Dimension, aber auch die politische

Säule muss mitziehen. Das entspricht mir dann, denn ich bin sowohl Religionslehrer als auch in Augsburg politisch aktiv. Deshalb habe ich immer durchgehalten mit dem Grundsatz: einfach weiter!

Internationale Kelleruni Herrenbach
Matthias-Claudius-Str. 9 | 86161 Augsburg
www.kelleruni.de
iku.herrenbach@web.de

GEMÜSECURRY
mit
ROTE-BEETE-SALAT

Gemüsecurry

½ Zwiebel
½ kleine Sellerieknolle
2 Karotten
1 Zucchini
1 großer Kohlrabi
1 kleine Paprika
Rosinen nach Belieben
1–2 EL Ghee oder Butterschmalz
¼ l Reis- oder Sojamilch
Pfeffer, Salz
frische Petersilie
Currygewürzmischung aus Kurkuma, Kardamon,
Muskat, Kreuzkümmel, Koriander und Paprika

1. Zwiebel und Gemüse klein schneiden.
2. Ghee/Butterschmalz erhitzen.
3. Im heißen Fett die Gewürze und den Pfeffer
leicht anrösten, dann die Zwiebel mit anbraten.
4. Gemüse dazugeben, unter Rühren rösten
und solange mischen, bis alle Gemüsestücke mit
Gewürzen ummantelt sind.

5. Mit Reis- bzw Sojamilch ablöschen, Rosinen
dazugeben und köcheln lassen.
6. Mit Salz und Pfeffer abschmecken und klein
geschnittene Petersilie über das Curry streuen.
7. Dazu empfehlen wir Reis, gekocht mit Salz,
Kurkuma und einem Lorbeerblatt.

Rote-Beete-Salat

3–4 Rote Beete (je nach Größe)
2 EL Olivenöl
Kreuzkümmel, Koriander, Salz und Pfeffer
Kapern, Pinienkerne, Sonnenblumenkerne oder
Nussstückchen
Schnittlauch

1. Rote Beete im Ganzen kochen (ca. 30 min).
2. Knollen schälen, in dünne Scheiben schneiden und auf einer Platte geschichtet verteilen.
3. Olivenöl mit den Gewürzen mischen und über
die Rote-Beete träufeln.
4. Mit Kapern, Pinienkernen und Schnittlauch
garnieren.

KULTURKÜCHE

*Die Kulturküche integriert Menschen mit Behinderungen,
Migranten und Asylbewerber ins Arbeitsleben. Bernd Beigl
versorgt mit seinem Team Augsburger Kitas und Schulen.
Das Catering bietet – je nach Herkunft der Köchinnen – Speisen
aus vielen Ländern.*

Roswitha:
*Du hast 2006 auch ein Kochbuch in Augsburg
veröffentlicht.*

Bernd:
Ja, das war der Anfang der Kulturküche. Es
sollte ausländische Frauen aus ihren Häusern
herausbringen. Wir haben die Rezepte gemeinsam nachgekocht und das Buch zum Oberhauser Marktsonntag herausgebracht.
Wir hatten dann die Idee eines Cafébetriebes,

es kam aber von der Stadt Augsburg das
Angebot, die Mittagsverpflegung für 35 Kinder
in der Drei-Auen-Schule in Oberhausen zu
übernehmen. Daraus wurden im Laufe der Zeit
täglich 1.500 Mittagessen für verschiedene
Schulen und Einrichtungen.
Am Anfang waren es zehn bis 15 Frauen, glücklicherweise jede eine Koryphäe auf ihrem Gebiet,
weil auch Buchführung und vieles andere zu
machen war. Sie waren anfangs vorsichtig und

skeptisch einem Mann gegenüber, aber als sie merkten, dass ich nicht von oben auf sie herabschaue, öffneten sie sich immer mehr und es wurde – auch für mich – eine Art Familie daraus. Ich wurde von einer Frau mit Kopftuch als ihr Bruder bezeichnet, was mich besonders freute, wurde sogar zum Fastenbrechen eingeladen, dem Höhepunkt des Tages im Ramadan.

Roswitha:
Was unterscheidet euch von anderen Unternehmen?
Bernd:
Wir sind eigentlich eine »Anarchofirma«. Wir haben immer schon Mindestlohn bezahlt, ohne ein Gesetz dafür zu brauchen. Die Wertschöpfungskette betrachten wir ganzheitlich. Beim Einkauf achten wir auf regionale Lebensmittel. Hier ist Raum für Menschen, die nicht in der Norm sind. Wichtig ist mir auch, dass sie alle mit Herzblut dabei sind, jede Spülerin, jede Mitarbeiterin. In welchem Betrieb gibt es das noch? Wir sind davon ausgegangen, dass es immer so weitergeht.
Die Kulturküche ist ein Zukunftsmodell, in 50 Jahren wird es gar nicht mehr anders funktionieren.
Für unser Sozialunternehmen haben wir viele

Auszeichnungen erhalten, z. B. 2015 den Bayerischen Integrationspreis.

Roswitha:
Welche festen Rituale habt ihr?
Bernd:
Gemeinsames Fastenbrechen, Weihnachtsessen und vieles mehr. Essen hat selbstverständlich elementare Bedeutung bei uns.

Roswitha:
Was motiviert dich, Zeit zu investieren?
Bernd:
Habe ich bei der Frage einen Joker? Ich habe genauso viel von der Vielfalt gelernt wie meine Mitarbeiter. Meine Energie ziehe ich aus der Kulturküche und meinen zwei wohlgeratenen Kindern. Insgesamt bin ich vorsichtiger geworden. Ich bin in der Vergangenheit auf so viele Energiefresser hereingefallen, dass ich in dem Themenfeld nicht mehr so unbefangen an alles herangehe.

Roswitha:
Was wünschst du dir für die Zukunft?
Bernd:
Nur Gesundheit. Für mich und meine Mitarbeiter. Die ist nicht planbar, nicht ersetzbar. Wir

hatten in unserer Gemeinschaft zwei schwere Krankheitsfälle. Deshalb achte ich jetzt auch mehr auf meine Gesundheit, gehe mehr Fahrrad fahren. Bevor die Kinder kamen, fuhr ich schon mal in zwei Wochen rund um Deutschland. Gern möchte ich mich deshalb einer internationalen Gruppe von 30 bis 40 Leuten anschließen, die vier Monate mit Zelt und Fahrrad durch Afrika touren wird. Ein Motto von mir heißt: Der Blick über den Tellerrand ermöglicht nicht nur einen neuen Horizont, er zeigt auch die eigenen Grenzen auf.

Kulturküche
Bernd Beigl
www.augsburglebt.de
rix-augsburg@t-online.de

UIGURISCHES LAGMAN

asiatische Nudelsuppe

700 g Mehl

2 Eier

200 ml Wasser

1 Prise Salz

50 ml Pflanzenöl

1 l Fleischbrühe

500 g Lammfleisch, mager

2 Rettiche, 1 x schwarz und 1 x weiß

1 Kohlrabi

2 Karotten

2 Zwiebeln

2 Paprikaschoten

1 Staudensellerie

3 Tomaten, geschält

3 Knoblauchzehen

2 Kartoffel

1 TL Kreuzkümmel

3 EL Sojasauce

1 Prise Sternanis

etwas Salz

etwas Pfeffer

frische Kräuter (Koriander, Dill, Petersilie), gehackt

1. Eier mit Wasser verschlagen, salzen und langsam das Mehl zugeben, zum Teig verkneten. Der sollte so hart sein, dass man ihn nur mit den Fäusten bearbeiten kann. Mit Folie abdecken und 1,5 Stunden ruhen lassen.

2. Nun den Teig portionieren und zu dicken Würstchen rollen. Die Lagman-Nudeln werden nicht gewalzt, sondern gezogen. Dabei bestreicht man die Teigwürste mit etwas Pflanzenöl, nimmt eine davon zwischen beide Hände und zieht sie an einem Ende durch die andere Hand, bis sich die Länge verdoppelt. Während die erste Rolle ruht, wird gleichmäßig der Rest genauso gezogen. Nun alles ein zweites Mal mit der gleichen Methode ziehen. In der dritten Runde wird auf einer eingeölten Arbeitsfläche die Nudel nochmals in die Länge gerollt. Die Länge ist nun schon enorm, danach die Nudeln erneut einölen, spiralförmig auslegen und nochmals ruhen lassen. Zum Schluss wickelt man nun zwei oder drei Nudelstränge um beide Hände, hebt an und schleudert kräftig nach unten. Auch dies wird mehrfach wiederholt, bis die Nudeln so lang sind, dass man mit fast ausgebreiteten Armen dasteht.

3. In stark kochendem, gesalzenem Wasser etwa drei Minuten garkochen. Beim Eingeben ins Wasser sollten die noch rohen Nudeln den Topfboden nicht berühren. Abgießen beziehungsweise mit dem Schaumlöffel herausholen und in kaltem Wasser abschrecken.

4. Für die Suppe das Fleisch, die Rettiche, den Kohlrabi, Zwiebeln, den Staudensellerie und die Kartoffeln fein würfeln, die Paprikaschoten zu Halbringen, die Karotten zu Streifen schneiden. Die Tomaten grob und den Knoblauch sehr fein hacken.

5. Das Fleisch im heißen Fett anbraten. Als nächstes die Karotten und den zerstoßenen Kreuzkümmel mit dem schwarzen Pfeffer zugeben. Es folgen der Staudensellerie und die Sojasauce. Am besten geht das in einem Wok, bei dem man die Mitte immer wieder freischiebt. Jetzt kurz die Tomaten, Knoblauch und Zwiebeln, dann die Rettich- und Kohlrabiwürfel sowie die Paprikastreifen anbraten. Mit der Fleischbrühe aufgießen, den Sternanis zugeben und etwa 30 Minuten garkochen lassen. Zehn Minuten vor dem Ende noch die Kartoffelwürfel zugeben. Mit Salz und eventuell auch etwas Zucker abschmecken.

Zum Servieren die kalten Nudeln am besten in große Suppentassen geben, mit heißer Brühe aufgießen, kurz erwärmen lassen und oben die Fleisch-/Gemüsemischung auflegen. Das Verhältnis zwischen Nudeln und Saucen beträgt ungefähr eins zu eins. Mit gehackten frischen Kräutern bestreut servieren.

Der Lifeguide ist ein Internetportal für nachhaltigen Konsum und Lebensstil, das sich dafür einsetzt, gemeinsam Verantwortung für eine lebenswerte und gerechte Zukunft zu übernehmen. Er ist ein Projekt im Rahmen der Lokalen Agenda 21 – für ein zukunftsfähiges Augsburg.

Roswitha:

Cynthia, Torsten, Annabell, wir kennen uns seit der Vorstellung der neuen Webseite des Lifeguide Augsburg im Juli 2016. Erzählt doch ein bisschen über die Geschichte der Lifeguide-Plattform.

Annabell:

Den ersten Lifeguide gab es bereits im Jahr 2006. Zu dem Zeitpunkt waren wir aber noch nicht dabei. Er entstand nach dem Münchner Vorbild und war eine sehr texthaltige Webseite mit Ortsauflistungen und Tipps für nachhaltiges Leben. 2012 begann der Neustart. Wie ein neuer Lifeguide aussehen und was er beinhalten soll, darüber haben wir und andere uns viele Gedanken gemacht. Weil wir unzählige Ideen hatten, war die technische Umsetzung etwas langwieriger. Damit eine Trägerschaft vorhanden ist, wurde 2014 der Verein Lifeguide Region Augsburg e.V. gegründet.

Cynthia:

Für den neuen Lifeguide kristallisierten sich mehrere Schwerpunkte heraus. Wir wollen zum einen nachhaltige Orte mit Fotos und einem kurzen Text vorstellen. Außerdem berichten wir über Projekte, die sich für eine umweltfreundliche und gerechte Zukunft einsetzen. Ich war überrascht über die Vielfalt in Augsburg, ich hätte nicht gedacht, dass sich so viele aktiv für Nachhaltigkeit einsetzen, vor allem immer wieder junge Leute! Das ist eine reizvolle journalistische Tätigkeit. Ein weiterer Schwerpunkt ist die Rubrik »Querdenken«, in der wir neue Ideen des Zusammenlebens vorstellen. Dabei ergänzen wir uns im Team, weil jeder ein spezielles Know-how hat. Es ist gut, wenn Menschen aus verschiedenen Lebenszusammenhängen zusammenarbeiten. Torsten ist unser Querdenker: Er schreibt Beiträge für die Kolumne und findet Gastbeiträge, die einen anderen Blickwinkel ermöglichen. Annabell ist für die Organisation und die Finanzierung zuständig. Und dann gibt es da noch Wiebke, Norbert und ein paar andere. Wir versuchen, das Budget so klein wie möglich zu halten, denn wir wollen ohne Werbung auskommen. Langfristig brauchen wir Sponsoren, die unsere Begeisterung für Nachhaltigkeit teilen.

Torsten:

Der Lifeguide Augsburg ist in Bezug auf Nachhaltigkeit das einzige, so detaillierte Onlineportal. Das ist ein echtes Alleinstellungsmerkmal, darauf sind wir stolz. Ich selbst wohne zwar schon 17 Jahre in Augsburg, arbeite aber genauso lange schon in München. Ich hatte immer das Gefühl, ich wohne zwar hier, aber ich lebe hier nicht so richtig. Das wollte ich ändern und das kann ich mit meinem ehrenamtlichen Engagement für den Lifeguide, denn hier bekomme ich alles mit, was sich in Augsburg so tut – und das ist eine ganze Menge!

Cynthia:

Wir können zeigen, was man aus seinem Leben so alles machen kann …

Torsten:

… ohne den Zeigefinger zu heben! Wir schreiben einfach darüber, wie Leute ihr Leben umstellen, uns etwas vorleben. Es macht Spaß, all diese Graswurzel-Initiativen vorzustellen.

Roswitha:

Was ist die Zielsetzung des Lifeguide Augsburg?

Annabell:

Die Medien berichten überwiegend negativ. Wir können auf die guten Projekte aufmerksam machen. Alle Artikel, die wir schreiben, haben einen positiven Tonus. Wir bieten Lösungen an, statt Sackgassen. Das ist auch ein großer Imagefaktor für Augsburg und die Region.

Cynthia:

Öffentlichkeit ist wichtig, um Denkanstöße zu geben, etwas in Bewegung zu setzen.

Torsten:

Wir wollen zeigen, ihr seid nicht allein, jeder kann etwas machen. Leute wie du und ich können sich beim Lifeguide ausprobieren, sich trauen anders zu denken, es ist nicht alles so elitär.

Roswitha:

Was hat euch das Projekt persönlich gebracht?

Cynthia:

Freude! Und wir lernen tolle Leute kennen.

Torsten:

Ja, interessante Menschen kennenlernen: Das war auch mein Anliegen! Es fließt so viel rein. Die Lust und die Energie, die die Leute haben, die beim Lifeguide mitmachen. Das ist inspirierend, da ist so ein Flow!

Annabell:

Mir hat es eine Menge neuer Erkenntnisse gebracht.

Roswitha:

Was war für euch das Schönste in der letzten Zeit?

Annabell:

Der Tag, an dem der Lifeguide online gegangen ist.

Cynthia:

Seitdem kommt sehr viel positives Feedback auch von Seiten, von denen wir es nicht erwartet hätten.

Torsten:

Für mich ist das gemeinsame Arbeiten an einer Idee ohne kommerziellen Hintergrund wichtig, der gemeinsame Spaß an einer Sache.

Roswitha:

Welche Wünsche habt ihr für eure weitere Arbeit?

Cynthia:

Dass der Lifeguide weiter Fahrt aufnimmt!

Torsten:

Mein Wunsch ist, dass der Lifeguide eine feste Institution wird, dass ihn alle mal gesehen und gehört haben, dass es sich ganz weit herumspricht – und sich so auch die erforderlichen Sponsoren finden lassen.

Annabell:

Ich wünsche mir flankierende Aktionen wie z.B. eine Lifeguide-Messe, einen Filmabend oder ähnliches. Menschen zusammenbringen, so wie das Grandhotel, das wäre toll!

Lifeguide Region Augsburg e.V.
Karlstraße 2 | 86150 Augsburg
www.lifeguide-augsburg.de
kontakt@lifeguide-augsburg.de

400 g altbackene Brötchen

220 ml heiße Milch

½ Bund Schnittlauch, frisch

2 Zwiebeln

1 Petersilienwurzel

80 g Frühstücksspeck

200 g braune Champignons

2 EL Butter

2 Eier

50 g Parmesan, gerieben

Salz, Pfeffer

1 Prise Muskat, geriebenen

150 ml Riesling

150 ml Gemüsebrühe

150 ml Sahne

Parmesan, frisch gehobelt
(für die Garnitur)

CHAMPIGNON-KNÖDEL
mit
RIESLINGSOSSE

für 4 Personen

1. Brötchen in feine Scheiben schneiden, mit heißer Milch vermengen und 10 Minuten ziehen lassen.

2. Schnittlauch abbrausen, einige Stängel beiseite legen. Den Rest in feine Röllchen schneiden.

3. Die Zwiebeln abziehen und fein würfeln. Die Petersilienwurzel schälen und würfeln. Den Speck klein schneiden. Die Champignons putzen und in feine Scheiben schneiden.

4. Einen EL Butter im Topf erhitzen, den Speck darin auslassen. Die Champignons und die Hälfte der Zwiebeln zufügen und dünsten, bis die Flüssigkeit verdampft ist, dann zu den Brötchen geben und etwas abkühlen lassen.

5. Die Mischung mit Eiern, Parmesan und Schnittlauchröllchen verkneten. Mit Salz, Pfeffer und Muskat würzen.

6. Aus der Masse 8 Knödel formen.

7. Die übrige Butter im Topf erhitzen und die restliche Zwiebeln und die Petersilienwurzel andünsten. Mit Riesling und Brühe ablöschen. Alles 10 Minuten köcheln lassen. Anschließend mit dem Mixstab pürieren.

8. Die Sahne einrühren und mit Salz und Pfeffer würzen.

9. Knödel in leicht köchelndem Salzwasser 15 bis 20 Minuten ziehen lassen.

10. Mit der Soße auf Tellern anrichten und mit Schnittlauch und Parmesan garnieren.

LOKALHELDEN
urbaner Hofladen und vegetarisches Restaurant

In der früheren Pizzeria Da Luciano im Bismarckviertel gibt es seit August 2013 das Laden-Restaurant mit ausschließlich regionalen Lebensmitteln und leckeren vegetarischen und veganen Gerichten.

Roswitha:

Mona, was ist das Besondere an deinem Laden und deinem Restaurant?

Mona:

Das Besondere an unserem Konzept ist, dass wir Grundnahrungsmittel aus der Region – die meisten davon in Bioqualität – direkt von den Erzeugern beziehen, im Lädchen verkaufen und in unserer Heldenküche zu vegetarischen und veganen Gerichten verkochen. Unser Anliegen war von Anfang an, dass nicht mehr Verkaufbares nicht weggeworfen, sondern verarbeitet wird. Wir kochen z.B. immer noch Marmeladen, wenn auch nicht für den Verkauf, sondern mehr für den Eigenbedarf. Schwierig sind die vielen Vorschriften des Lebensmittelrechts, die einge-

halten werden müssen. Sie sind sehr erdrückend. Ich bin der Meinung, sie sollten mehr für die Industrie als für kleine Unternehmer gelten.

Roswitha:

Ich habe dich bei Transition Town Augsburg kennengelernt. Da warst du noch Köchin im Café Viktor.

Mona:

Eigentlich habe ich während des Studiums zur Diplom-Pädagogin in einer Küche gejobbt und bin dabei hängengeblieben. Meine Ausbildung zur Köchin konnte ich dann im Café Viktor machen. Mein Interesse an biologischem Anbau wurde erst geweckt, als ich für eine Saison einen Ackerstreifen auf einem Sonnenacker

nutzen durfte. Die Pacht war ein Geburtstagsgeschenk. Meine Freundin Kathi und ich mussten uns erst mal über gutes Saatgut und Sorten informieren. Es war auf jeden Fall ein Schlüsselerlebnis für uns, was für tolle Produkte und welche Vielfalt an verschiedenen Gemüsesorten es auch für absolute Laien-Gemüsebauern dann doch zu ernten gab. Als Köchin fand ich es super, so eine große Auswahl zu haben, und fragte mich, warum es die nicht auch im Supermarkt gibt. Wie schwierig es aber ist, sich ausschließlich mit regionalen Produkten zu versorgen, zeigte mir ein Selbstversuch, bei dem ich es wenigstens an jeweils einem Tag in der Woche probierte. So entstand Anfang 2013 die Idee, einen Laden mit einer großen Auswahl an regionalen Bioprodukten zu eröffnen und damit den Kunden den Zeitaufwand abzunehmen, in der ganzen Stadt danach suchen zu müssen.

Kartoffeln müssen echt nicht aus dem Ausland kommen!

Roswitha:
Ab da habt ihr also nach einem geeigneten Laden gesucht …
Mona:
… und gefunden. Die ehemalige Pizzeria in der Bismarckstraße bot die Verbindung Laden und Gastronomie. Dann dachte ich mir: Machen wir es eben gleich richtig.
Beim Konzept und bei allem anderen griff mir Kathi unter die Arme. Über ein erfolgreiches Crowdfunding konnte finanziert werden, was an Einrichtung noch fehlte. Im August 2013 war Eröffnung. Seitdem werden wir vor allem mittags von Gästen schier überrannt. Die 15-Stunden-Tage machen mir wenig aus, denn es macht immer noch Spaß.

Roswitha:
Der Name »Lokalhelden«…
Mona:
… ist ein Wortspiel. Lokale Helden, Heldenlokal. Mein Wunsch ist, viele Leute zu begeistern für die Idee, sich vegetarisch und gesund zu ernähren. Ich will überzeugen, nicht missionieren, nicht mit erhobenem Zeigefinger. Es ist schön,

in einer Position zu sein, Leuten zu zeigen, wie man kreativ mit Gemüse umgeht. Wir sind sehr gut vernetzt mit inhabergeführten kleinen Läden für nachhaltige Lebensweise. Zum Beispiel Kuchen: Den backen wir inzwischen nicht mehr selbst, den bekommen wir vom »Cafe Dreizehn«.

Roswitha:

Du bist also seit drei Jahren selbstständige Unternehmerin. Hättest du gedacht, dass es so gut läuft?

Mona:

Die Selbstständigkeit habe ich unterschätzt. Es ist nicht so einfach, einen Laden zu schmeißen. Die hohen Kosten für Einkauf und Personal sind schwieriger als die Miete. Und es gibt auch Konfliktfälle. Wichtig ist, viel darüber zu sprechen, das kann ich im persönlichen Bereich ganz gut. Das Ganze überfordert manchmal, aber daran bin ich auch gewachsen. Und ich habe ein tolles Team aus inzwischen zehn Mitarbeitern, die einen großartigen Job machen und mich mit viel Tatkraft unterstützen. Es wird mir auf jeden Fall auch in zehn Jahren noch nicht langweilig werden. Es bleibt spannend. Man erfährt Wertschätzung und Respekt für die Arbeit. Bei mir sprudeln noch viele Ideen, z.B. ein zweites Konzept, ein bisschen größer vielleicht. Ich muss aber aufpassen, dass ich nicht zu viel will. Das Modularfestival mit 2.500 Essen an drei Tagen war schon eine Riesenleistung!

Lokalhelden –
urbaner Hofladen & vegetarisches Restaurant
Bismarckstraße 10 | 86159 Augsburg
www.lokalhelden-augsburg.de
gemuese@lokalhelden-augsburg.de
Lokal geöffnet:
Mo.–Fr.: 9–22 Uhr | Sa.: 9–16 Uhr
Laden geöffnet:
Mo.–Fr.: 9–20 Uhr | Sa.: 9–16 Uhr

Ein Gericht, das sich gut für Partys und Feste eignet, da man es gut vor- und in größeren Mengen zubereiten kann. Natürlich schmecken die Köfte auch wunderbar zu einem einfachen grünen Salat.

VEGETARISCHE KÖFTE

mit

JOGHURT-SESAM-DIP

für 8 Personen

Köfte

800 g Kartoffeln

800 g Zucchini (oder Karotten, Rote Bete, Sellerie, Kürbis ... jedes Gemüse, das sich gut raspeln lässt, ist geeignet)

2 EL Meersalz

2 Knoblauchzehen, gehackt

3 TL Cumin

3 TL Koriandersaat

2 TL Chiliflocken

1 Bund frische Kräuter nach Wahl: Minze, Basilikum, Petersilie, Koriander

200 g Kichererbsenmehl

750 ml neutrales Öl zum Frittieren

1. Kartoffeln und Gemüse schälen und grob raspeln.

2. Gewürze, Knoblauch und Kräuter im Mörser zu einer Paste verarbeiten.

3. Mit Gemüseraspeln und Kichererbsenmehl vermengen.

4. Öl in einem hohen Topf erhitzen, mit zwei Esslöffeln kleine Mengen vom Teig ausstechen und vorsichtig ins heiße Fett gleiten lassen.

5. Nach und nach alle Bällchen goldgelb frittieren.

Joghurt-Sesam-Dip

500 g Naturjoghurt

2 EL Tahin (Sesampaste)

1 Knoblauchzehe

3 EL Olivenöl

1 EL Honig oder Ahornsirup

Salz, Pfeffer

1. Knoblauch mit Öl, Honig und 2–3 EL Joghurt mit dem Pürierstab mixen.

2. Dann unter den restlichen Joghurt ziehen.

3. Mit Salz und Pfeffer nach Belieben abschmecken.

MANOMAMA

Sina Trinkwalder beweist, dass ein echtes Social Business in Deutschland möglich ist. Faire Löhne, saubere Arbeitsbedingungen, besonders für benachteiligte Gesellschaftsgruppen: alleinerziehende Frauen, Ältere und Geringqualifizierte.

Roswitha:

Sina, du hattest zusammen mit deinem Mann zehn Jahre lang eine Werbeagentur in Augsburg. Wie entstand die Idee zu einem großen Sozialunternehmen?

Sina:

Wenn mit Mitte 20 – mal frech gesagt – das Hirn anfängt zu denken, fragt man sich: »Macht das Sinn, was ich mache? Macht es Sinn, den Konsum anzuheizen? Macht es Sinn, auf Kosten anderer Kampagnen zu fahren?« Nein, es macht keinen Sinn. Dann habe ich alles auf Null gesetzt. Ich habe mich gefragt: »Was möchtest du machen?« Okay, etwas Unternehmerisches. Charity ist nicht mein Ding, weil Charity heißt, jeden Tag den Fisch zu verteilen. Für mich steht der Mensch im Vordergrund. Ich möchte ihm zeigen, wie man den Fisch fängt. Ich bin Unternehmerin. Das Gen hat man oder nicht. Man muss vor allem angstlos sein. Ein Familienunternehmen zu leiten, lernt man am Frühstückstisch, nicht beim BWL-Studium. Das ist das Wichtigste, was ich meinem Sohn mitgeben werde.

Roswitha:

*Für dich war es genauso wichtig wie für uns,
Menschen eine Chance zu geben, die von anderen Firmen nur Absagen bekommen.*

Sina:

Normalerweise, wenn man ein Unternehmen gründet, steht die Produktidee im Vordergrund – bei mir war es der Mensch. Ich möchte mit den Menschen Unternehmen machen, die es – aus welchem Grund auch immer – schwer haben am ersten Arbeitsmarkt, wenn man genau hinsieht auch am zweiten, auch am dritten. Wir können es auch noch weiter durchnummerieren. Es gibt einfach für viele Menschen überhaupt keine Chance, eine Erwerbstätigkeit zu bekommen. Ich habe sie zusammengenommen: die Menschen mit Migrationshintergrund, mit Handicaps, Alleinerziehende, die, die nicht lesen und schreiben können. Dann habe ich mich gefragt: »Was machen wir denn eigentlich?« Es war mir gleich, ich wollte etwas machen; etwas, das man in der Hand halten kann. Das gibt Zufriedenheit. Und dadurch, dass Augsburg im 19. Jahrhundert Textilhauptstadt war, habe ich beschlossen: Dann machen wir halt Textilien. So einfach ist das. So einfach war es dann aber doch nicht. Ein lieber Partner in der Lieferkette sagte zu mir: »Weißt du, dein Riesenvorteil ist, dass du keine Ahnung

hast.« Damals nannte er mich Seepferdchen, heute nennt er mich Kampfschwimmer im Textilbereich! Hätte ich gewusst, wie kompliziert die Kleidungsfertigung ist, die Schritte vorher von der Faserkunde über stricken, weben, hätte ich gewusst, dass textile Wertschöpfung nicht heißt, Burda-Schnitte nachzutackern, hätte ich das nicht gemacht. Never in my life! Aber ich glaube, diese Naivität der Unwissenheit, die ich anfänglich hatte, hat mich mit einer sehr motivierenden Leichtigkeit durch alles durchgehen lassen.

Man kann den Produktionsprozess in so viele kleine Arbeitsschritte teilen, dass jeder Mensch seine Fähigkeiten einsetzen kann und gleichsam wichtig ist. Es gibt absolut keinen talentfreien Menschen! Man muss sich nur die Zeit nehmen, zusammen auf den Weg zu gehen, um das Talent zu suchen und dann auch zu fördern. Es wäre sehr romantisch zu sagen: »Wenn ich 25 Nationen und 150 Mitarbeiter habe, kommt es nie zu Spannungen.« Aber es klappt immer irgendwie.

Wenn man mit Langzeitarbeitslosen so ein Projekt macht, merkt man, wie verunsichert sie am Anfang sind. Meine Arbeit ist nichts anderes, als so eine Art Streetworker in meinem Unternehmen zu sein. Mein privates Steckenpferd sind die Produktentwicklungen, meine Hauptaufgabe ist es, vier Pflöcke in ein Feld zu hauen und zu sagen: Hier zwischendrin ist eure Spielwiese. Ich schau eigentlich nur, dass jeder, der sich individuelle Freiheit innerhalb dieser Spielwiese nimmt, dabei niemanden an den Rand drückt. Und da muss ich dann eben justierend eingreifen. Meine Arbeit ist erledigt, wenn sie auf dem ersten Arbeitsmarkt angekommen sind.

Roswitha:
Was hat dir manomama persönlich gebracht?
Sina:
Es bringt mir Zufriedenheit, dass ich mit der überschüssigen Kraft Sinnstiftendes tun kann. Nicht nur sinnvoll für mich – denn das wäre eine ziemlich egoistische Einstellung –, sondern auch relevant für andere. Dass es dazu beiträgt, dass wir eine bessere Gesellschaft haben werden. Meine Arbeit ist sehr schön, es ist sauanstrengend, aber ich steh jeden Tag gerne auf. Und vor allen Dingen kann ich in den Spiegel schauen und erkenne mich.

Roswitha:
Was wünschst du dir für die Zukunft?
Sina:
Ich hätte gerne drei Wünsche: Für mich persönlich möglichst lange die Kraft zu haben, viel zu bewegen – und dass man mich auch lässt! Für meine Unternehmungen wünsche ich mir, dass sie immer eine Handbreit Wasser unter dem Kiel haben. Und für unsere Gesellschaft – und das ist mir das wichtigste –, dass wir wieder mehr aufeinander zugehen.

manomama GmbH
Geschäftsführerin: Sina Trinkwalder
Willy-Brandt-Platz 1a | 86153 Augsburg
www.manomama.de
service@manomama.de

BÖHMISCHE ROULADEN

1 Pck. Kloßteig (750 g halb und halb)
4 Rindsrouladen aus der Oberschale
4 rohe polnische Würste
1 Glas Essiggurken
1 Glas Preiselbeeren
1 Glas Rinderfond
2 Becher saure Sahne
1 Zwiebel
Öl
Senf
Salz, Pfeffer

1. Rouladen auslegen, platt klopfen, mit Senf bestreichen und mit Salz und Pfeffer würzen.
2. Eine rohe polnische Wurst und eine halbe Essiggurke in jede Roulade wickeln.
3. Rouladen im Bräter in heißem Öl scharf anbraten, anschließend mit Rinderfond und Wasser von Essiggurken ablöschen.
4. Etwa eine Stunde im Sud köcheln lassen.
5. Anschließend einen Becher saure Sahne und ein halbes Glas Preiselbeeren untermischen.
6. Weitere 1–2 Stunden köcheln lassen, bis die Rouladen die gewünschte Garkonsistenz haben.
7. Aus dem Kloßteig sechs Klöße formen und in heißem Salzwasser ziehen (nicht kochen! Ohne Deckel!) lassen, bis die Klöße an der Wasseroberfläche schwimmen.
8. Kurz vor dem servieren Rouladen aus dem Topf nehmen und die Sauce mit dem Pürierstab sämig pürieren.
9. Nach Belieben mit saurer Sahne und Preiselbeeren abschmecken.

NERUDA

Fikret ist der Gründer des Kulturcafés, das seit sieben Jahren ein wichtiger interkultureller Treffpunkt ist. Selbst Maler, Schriftsteller und Karbarettist war es ihm wichtig, Raum zu schaffen für die in Augsburg und Umgebung lebenden Künstler.

Roswitha:

Fikret, Künstler sind sehr oft introvertierte Menschen. Wie kommt es, dass hier im »Neruda« so ein ganz anderer, offener Geist zu spüren ist?

Fikret:

Der Künstler nimmt seine Anregungen von den Menschen, aus dem Leben, das ihn umgibt, produziert in seiner stillen Kammer, braucht aber dann wieder die Öffentlichkeit, um gesehen oder gehört zu werden. Meine Offenheit kommt aus meiner Vergangenheit. In jungen Jahren war ein Gedicht des türkischen Mystikers Yunus Emre ein Schlüsselerlebnis für mich. Es hieß: »Ich stieg auf einen Pflaumenbaum, um Trauben dort zu pflücken; der Gartenmeister schrie mich an: Was pflückst du meine Walnuss?« Die Vielfalt unserer Gesellschaft kann man nicht anders beschreiben. Ich wollte einen solchen Fantasiebaum pflanzen und schauen, ob er wächst. Das ist mir in Augsburg gelungen, sowohl mit dem Café Neruda als auch mit unserem »Kültürverein«, den es ebenfalls seit sieben Jahren gibt und dessen Vorsitzender ich bin. Es muss nur jemand den Mut haben, solche Orte der Begegnung zu schaffen.

Roswitha:

Du bist in der Türkei geboren. Warum musstest du nach Deutschland fliehen?

Fikret:

Ich war nicht nur Künstler, ich war auch politisch sehr aktiv. Nach dem Putsch Anfang der 80er Jahre musste ich die Türkei verlassen. Neun Monate später ging ich zurück, hatte aber zuvor meine Frau kennengelernt, eine Deutsche. 1985 kam ich deshalb zurück und habe seit 1990 die deutsche Staatsangehörigkeit. Ich bin nicht fremd, ich gehöre hierher. Wir müssen kapieren, dass wir in der Welt zusammengehören. Wir müssen damit aufhören zu fragen, woher jemand kommt. Wenn mich jemand fragt, woher ich komme, ist meine Antwort: Vom Einkaufen! Und wenn weiter gefragt wird: Aus welchem Land, dann ist meine Standardantwort: Kaufland! Gerade wenn junge Leute solche Fragen stellen, dann mache ich ihnen klar, dass ich schon viel länger hier bin als sie. Ich persönlich sehe generell keine Schwierigkeiten. Schwer war für mich nur die Zeit in der Türkei, der Putsch, Freunde sterben zu sehen und die Anfänge in Deutschland, als ich noch wenig deutsch konnte, keine Wohnung bekam. Durch das, was ich in den letzten Jahren gemacht habe, bin ich viel aktiver geworden, stärker geworden. Künstler müssen schauen, dass sie aus ihren kleinen Ateliers herauskommen.

Roswitha:
Welches sind deine besonderen Anliegen?
Fikret:
In der Gesellschaft ist die Vielfalt wichtig. Und trotzdem gehören wir zu demselben Baum. Nur im Miteinander können wir neuen Feindlichkeiten entgegenwirken. Wir dürfen nicht aufhören, diese bunte Gesellschaft zu schützen. Mein größter Wunsch wäre ein Migrationsmuseum in Augsburg, damit nichts verloren geht, nachfolgende Generationen dürfen nicht vergessen. In dem Buch, das ich demnächst herausbringe, beschreibe ich »Gleis 11«, den ersten Zug, der vor 60 Jahren mit türkischen Gastarbeitern in Deutschland ankam.

Roswitha:
Im »Neruda« schaffst du es, Menschen zusammenzubringen.
Fikret:
Kunst verbindet, schafft eine Verschönerung der Räume; Gedichte, Musik schaffen eine wunderbare Atmosphäre. Kunst schafft aber auch ein friedliches Miteinander. Das hat uns Jesus zu einer damals schwierigen Zeit schon versucht zu zeigen, dass wir keine Gewalt brauchen, nur Liebe. Das hat mich als Atheisten überzeugt. Ich sagte mir: »Fikret, sei nicht feige und folge diesem Mann.« So bin ich mit 40 Jahren zum katholischen Glauben gekommen. Im Neruda hängt auch der Spruch von Franz von Assisi: »Herr, mach uns zu einem Werkzeug deines Friedens.«

Aber angefangen hat alles mit den »Kültürta-gen«.

Die habe ich vor sieben Jahren ins Leben geru-fen. Mit diesem interkulturellen Festival gehen wir zu den Menschen. Die Zahl der teilnehmen-den Künstler steigt von Jahr zu Jahr. Ich selbst bin auch aktiv beteiligt. Für unsere Gruppe »Döner mit Sauerkraut« schreibe ich die Kabarettstücke. Wir bemerkten aber auch damals schon, dass wir einen Ort brauchen, an dem sich Künstler ständig treffen können. Ich sagte: Freunde, ich versuche ein Café zu eröffnen. So entstand das »Neruda«, benannt nach dem chilenischen Dichter und Schriftsteller Pablo Neruda, der sich in seinem Heimatland vor allem gegen den Faschismus einsetzte. Inzwischen sind wir wie eine große Familie. Sie nennen mich Papa, und ich bin stolz darauf. Und wir haben gute und tolerante Nach-barn. Wenn dann in den frühen Morgenstunden die letzten Gäste weg sind, nehme ich mir einen Kaffee, setze mich hin, höre Oldies und male oder schreibe meine Gedichte.

Du hast nur wenige Mitarbeiter. Wie schaffst du das alles?

Ich spare am Schlaf, drei bis vier Stunden müssen genügen. Wir haben hier so vielfältige Aktivitäten: neben vielen Konzerten z.B. auch Deutschkurse, afghanische Abende, Lesungen, Ausstellungen und vieles mehr. Da bleibt keine Zeit zum Altwerden. Sollte es doch einmal so weit sein, werde ich auf dem Sterbebett stolz zurückblicken können auf die Geschenke, die ich hinterlasse: Das »Neruda« und die »Kültürtage«. Bis dorthin sollte alles so bleiben, wie es jetzt ist. Das heißt, dass es sich weiter bewegen wird. Alles, was beweglich ist, ändert sich. Bewegung ist Änderung, Änderung ist die einzige Realität im Kosmos.

Neruda Kulturcafé
Alte Gasse 7 | 86152 Augsburg

VEGETARISCHER TELLER

mit Reis gefüllte Zucchini & Auberginen

für 4 Personen

3 Zucchini

2 Auberginen

2 Zwiebeln

1 Paprika

2 Tomaten

1 EL Tomatenmark

2 Trinkgläser Reis

½ Trinkglas Olivenöl

2 Trinkgläser Wasser

1 TL Zucker

frischer Dill

frische Minze

Salz

2 Zitronen

1. Von den Zucchini und Auberginen grobe Stücke abschneiden und mit einem Löffel aushöhlen.

2. Die geschälten Zwiebeln, Paprika und Tomaten in kleine Würfel schneiden.

3. Das Wasser zum Kochen bringen, das Olivenöl beigeben.

4. Den Reis mit den geschnittenen Zwiebeln, Paprika und Tomaten vermengen, Salz und Zucker darunterrühren, in einem Topf köcheln lassen, bis der Reis gequollen, aber noch bissfest ist.

5. Diese Füllung in die vorbereiteten Zucchini- und Auberginenstücke einfüllen, vorsichtig nebeneinander in einen Topf setzen, bis zur Hälfte mit Wasser anfüllen, leicht kochen lassen.

6. Weich kochen – manche mögen die Zucchini und Auberginen noch mit etwas Biss, manche mögen sie lieber sehr weich.

7. Vorsichtig herausheben und auf den zuvor in ganz dünne Scheiben geschnittenen Zitronen anrichten.

RAUMPFLEGEKULTUR
e.V.

*Der Verein raumpflegekultur e.V. setzt sich dafür ein,
leerstehende Räume mit Kultur wiederzubeleben.
Künstler*Innen und andere können die Locations als Bühne,
Bandraum, Atelier, Galerie oder Werkstatt nutzen.*

Roswitha:

*Christoph, Teresa, Clara, Maria, David, ihr seid
mit vielen anderen die Macher des Vereins
»raumpflegekultur«. Unter dem Namen kennt
euch in Augsburg kaum jemand, aber viele
kennen die alte Gaststätte »Turamichele« und
auch den »Provino Club«.*

Christoph:

Der »Provino Club« war von 1998 bis 2006 eine
Konzertlocation, die mit viel Engagement von
verschiedenen Betreibern geführt wurde. Hier
spielten die Killerpilze, Nova International, Ana-
jo, Robocop Kraus und Egotronic. Mit dem Ende
der Gaststätte »Turamichele«, in deren Pilsstube
der Club untergebracht ist, endete auch der
Konzertbetrieb.

Im Jahr 2014 beschlossen wir die Gründung
des Vereins »raumpflegekultur«, um neben der
»Metzgerei« auch die alte Gaststätte neu zu
beleben und um die Kultur in Augsburg noch
mehr zu fördern.

Roswitha:

*Die »Metzgerei« in der Haunstetter Straße
war meines Wissens aber von einer Studentin
wieder belebt worden. Sie hatte bei uns im
Sozialkaufhaus einiges an Ausstattung dafür
gekauft, das war in einem Zeitungsartikel
sogar erwähnt.*

Christoph:

Früher war es eine »Metzgerei«. Dann stand
es 35 Jahre lang leer, verstaubte und wurde

vergessen. Im Juni 2011 kam wieder Leben in die Metzgerbude! Die Designstudentin Fabienne Lange eröffnete dort die »Metzgerei«, einen Laden für allerlei Handgemachtes, vom T-Shirt bis zur Tasche.

Im Sommer 2013 hat Fabienne Lange die »Metzgerei« an uns übergeben. Auf den Sofas im Verkaufsraum finden Wohnzimmerkonzerte statt, wir machen Ausstellungen und z.B. auch die Puzzle-Vernissage: Jeder kann sein Lieblingspuzzle mitbringen und ausstellen! In den Kühlkammern der Metzgerei hängen nun Kunstwerke an den Fleischhaken.

Roswitha:

Aha, dann ist jetzt klar, wie das mit euch zusammenhängt. Mit der »Metzgerei«, dem »Provino Club« und dem »Wirgarten«, dem Biergarten des ehemaligen »Turamichele«, der in den Sommermonaten freitags und samstags geöffnet ist, habt ihr auf jeden Fall eine Menge Arbeit, die ihr mit vielen jungen Leuten zusammen ehrenamtlich stemmt.

Maria:

Am Anfang sind wir relativ naiv an die Dinge herangegangen. Mit viel Mut, noch mehr Geduld und Lust sind wir immer noch mit den Helfern am Renovieren.

Gemeinsam ist uns aber die Liebe zu den schönen alten Räumen, die sonst nicht mehr gezeigt werden und verkommen würden.

Die Brauerei Riegele gibt uns günstig die Räume, das Geld für die Renovierung müssen wir selbst aufbringen. Riegele war am Anfang skeptisch – jetzt finden sie es auch gut!

Die gute Zusammenarbeit mit der Stadt Augsburg, vor allem mit der Popkulturbeauftragten Barbara Friedrichs, hat uns auch sehr geholfen.

Teresa:

Wir sehen aber auch, dass in Deutschland krasser Bürokratismus herrscht! GEMA-Strafen z.B. vermiesen einem die Lust.

Clara:

Man darf sich nicht abschrecken lassen und aus Fehlern können wir lernen. Insgesamt steckt auf jeden Fall sehr viel Herzblut drin.

Teresa:

Der Freundeskreis stand und steht eng zusammen und hilft immer.

Christoph:

Mit vielen Menschen zusammen etwas zu machen, macht Lust an der Gemeinschaft. Man sieht, wie viel gehen kann. Der Künstler allgemein, der allein vor sich hin wurschtelt, hat hier billige Mieten, einen Zufluchtsort, kann Ideen entwickeln und die Vernetzung nutzen, um so einfacher ein Projekt zu starten. Es sind spannende Räume, ein großes Spektrum an Kultur. Das Gaststättengebäude beherbergt unter anderem mehrere Bandproberäume, Ateliers und Werkstätten sowie die legendäre Kegelbahn, Drehort für die regelmäßig stattfindenden »Kegelbahnkonzerte«, die im Netz veröffentlicht werden.

Roswitha:
Was wünscht ihr euch für die Zukunft?
Christoph:
Weltfrieden! Augsburg ist eine Friedensstadt.
Teresa:
Dass das Projekt weiter bestehen kann!

Roswitha:
Was hat euch besonders viel Freude bereitet?
Christoph:
Das Schafkopfturnier!
Clara:
Der erste Auftritt unseres eigenen Metzgerei-Chors im »Wirgarten«: »der Chor der Ahnungslosen«.
Maria:
Alle Veranstaltungen, weil jede ihr eigenes Flair hat.
Teresa:
Die Puzzle-Vernissage in der Metzgerei.

David:
Der Nachbar von nebenan kommt ab und zu rüber, die Eltern von Christoph machen Butterbrezen, und überhaupt gibt es ein spürbares Interesse, dass es weitergeht.

raumpflegekultur e.V.
Provinostraße 35 | 86153 Augsburg
www.provinoclub.wordpress.com
facebook: Provino Club

GEBACKENE AUBERGINEN
mit
JOGHURT-DIP

für 2 Personen

Auberginen

1 normal große Aubergine
100 g Mehl
200 ml Sonnenblumenöl
Salz

1. Auberginen in 5 mm dicke Scheiben schneiden.
2. Die Scheiben auf einem Brett auslegen und von beiden Seiten salzen, damit ihnen Flüssigkeit entzogen wird.

3. Währenddessen die Pfanne mit dem Sonnenblumenöl vorbereiten und erhitzen.
4. Die Auberginenscheiben in Mehl wenden und im Öl backen, bis sie außen knusprig und innen weich und durch sind.

Joghurt-Dip

200 g Naturjoghurt
frische, gehackte Minze
etwas frischen Zitronensaft
1 TL Agavensirup / Honig
1 EL Olivenöl
Salz, Pfeffer
Kurkuma
Chillipulver

Den Joghurt in eine Schüssel geben. Die Minze fein schneiden, den Zitronensaft, das Olivenöl, den Sirup, die Gewürze und Kräuter dazu geben und alles gut verrühren. Anschließend ziehen lassen.

GRIECHISCHER SALAT

Salat (Zutaten durchaus variabel)
Oliven
1 bunter Gartensalat
2 große Tomaten
2 kleine Gartengurken
1 Pck. Schafskäse
1 Hand voll Walnüsse
6 Blätter Kapuzinerkresse & 3 Kapuzinerblüten

1. Den Salat und das Gemüse waschen.
2. Dann den Salat abtropfen lassen und zerkleinert in eine Schüssel geben.
3. Die Gurken in dünne Scheiben und die Tomaten in kleine Stücke schneiden und ebenfalls in die Schüssel geben.
4. Den Schafskäse und die Oliven abgießen und die Oliven in den Salat geben, den Käse zuvor in Würfel schneiden.
5. Die Kapuzinerkresseblätter in dünne Streifen schneiden und die Walnüsse mit den Händen zerbröseln und in einer Pfanne leicht anrösten.

Salatsoße
2 EL Apfelessig
2 EL Olivenöl
1 TL Leinöl
1 TL süßer Senf
Salz, Pfeffer
frische, gehackte Petersilie

1. Alle Zutaten der Salatsoße in ein Glas mit Schraubverschluss geben und anschließend gut durchschütteln.
2. Dann die Soße über den Salat geben, den Salt mischen und abschließend mit den Walnüssen und den Kapuzinerblüten verzieren.

Den Salat mit den Auberginenscheiben und einem Klacks Joghurt-Dip garnieren und frisch servieren!

Der Verein musste zwar die beliebte BlueBox aufgeben, aber auch ohne Halle sind viele Projekte am Start. Besonders hervorzuheben ist Autista Skates: Skateboarding für autistische Kinder und Jugendliche.

Roswitha:
Was macht euer Verein?

Ben:
Nach einer Art Vakuum im Nachwuchsbereich nach der Jahrtausendwende kamen dank eines neuen Skateboard-Hypes 2009 viele Kinder und Jugendliche nach. Das hat uns dazu bewogen, 2010 einen Verein zu gründen. Das Hauptziel war, Leute zu mobilisieren und eine überdachte, wetterfeste Location zu schaffen. Wir haben uns schnell etabliert und in kürzester Zeit sehr viel erreicht. Neben dem FSV Inningen, Sektion Skateboarding (seit 1997), sind wir mittlerweile eine feste Instanz in Augsburg. Unser Projekt »BlueBox Rollsportarena« mussten wir nach fünf Jahren leider aufgeben. Trotz Außenwirkung und vielen tollen Erlebnissen ist eine Halle mit knapp 1.000 Quadratmetern durch rein eh-renamtliches Engagement nicht zu stemmen. All unsere Erfahrung haben wir zur Neuausrichtung genutzt. Wir sind ausgebildete Übungsleiter, bilden uns laufend fort, um unsere Kinderkurse stetig zu verbessern. Unser Motto ist nicht nur »Jugend fördern«, sondern eher: »Wir brauchen Veränderung – JETZT«. Wir sind Mitglied im Fachverband des BRIV u. DRIV (bayerischer und deutscher Rollsportverband), im bundesweit agierenden Skate Network e.V., aber auch in Szene-Strukturen.

Roswitha:
Was ist das Besondere an euch?

Ben und andere:
Wir ergänzen uns zu einer Mischung aus Spießigkeit und Anarchie. Einerseits bieten wir Programme und Kurse, wie es die Eltern erwar-

ten, aber auf der anderen Seite steht die Liebe nach Freiheit, sich komplett zu lösen. Dass, was Skateboarding ausmacht, so wie das Burning Ramp Festival, da muss es einfach krachen – ohne Rücksicht auf Verluste! Es braucht deshalb auch innerhalb unseres Clubs viel Flexibilität, Toleranz, weil jeder mit seinen Anliegen und spontanen Ideen kommt und sofort loslegen will, bevor die Welle wieder weg ist. Da kann und will man nicht lange diskutieren. Vorschlag einreichen und los! Dass man dann manchmal auch auf dem Zahnfleisch daherkommt wegen einer Nachtschicht oder Fehler gemacht werden, das muss man eben durchstehen, und das ist auch gut für jeden einzelnen von uns. Der Break war die Aufgabe der BlueBox, unserer Halle. Seit-

dem haben wir wenigstens keinen finanziellen Druck mehr. Vereinszugehörigkeit ist heutzutage sowieso größtenteils out. Wir sind jetzt mehr Orga-Team und Träger, um vieles geschehen zu lassen. Der Verein besteht eigentlich nur aus aktiven Akteuren. Events, Show und Beratung sind auch Inhalte unserer Tätigkeit. Der Traum wäre schon, wieder eine eigene Halle zu haben, aber dazu muss auch seitens der Stadt mehr passieren. Wir haben definitiv gezeigt, dass es auch anders geht. Uns ist es wichtig, die Stadt und alle, die in der Richtung etwas machen möchten, beraten zu können, z.B. wenn neue Skateparks entstehen sollen. Wir sind da, um Skateboarding in Augsburg zu präsentieren und dort einzugrätschen, wo wir Einfluss nehmen können. In 10 bis 15 Jahren werden Leute davon profitieren, dass wir jetzt bei nach außen hin langweiligen Diskussionen wie dem Sportstättenentwicklungsplan mitgemacht haben oder immer wieder Gespräche mit dem Kriminalpräventiven Rat, Sport- und Bäderamt suchen usw.

Roswitha:
Was motiviert euch, Zeit zu investieren?
Ben:
Seit ungefähr sieben Jahren ist eine Welle von Initiativen spürbar, und auf der reiten wir immer noch. Wir haben inzwischen tausende von Stunden reingehängt, aber wenn wir sehen, wie viel Spaß die Kinder haben, dann ist es das wert. Sie kommen unbedarft und unvoreingenommen hierher – uns macht es dann sehr stolz, zu sehen, was sie daraus mitnehmen. Die Kinder zur Eigenmotivation anzustoßen ist eine Aufgabe, die wir uns gestellt haben. Wir wollen aber auch nicht als reiner »Bespaßungsverein« verstanden werden. Planungen, die jetzt laufen, sind für die Zukunft sehr wichtig. Wenn wir uns etwas vorgenommen haben, dann ziehen wir es auch durch, selbst wenn es schwierig wird. Ständig unsere Grenzen auszuloten, aufzubrechen – dazu muss man auch mal provozieren.

Roswitha:
Ihr habt schon viele Projekte gemacht.
Ben:
Stolz sind wir besonders auf unsere Arbeit mit autistischen Kindern. Seit 2013 gibt es das Projekt. Aber auch das Burning Ramp Festival zusammen mit AWAKA e. V. ist ein Highlight. Außerdem bauen wir jährlich unser Programm auf dem Modularfestival aus und veranstalten einen Tourstop der Deutschen Freestyle Mountainbike Tour in Friedberg.

Roswitha:
Was hat das Projekt dir selbst gebracht?
Ben:
Ne Menge Spaß und Rock'n'Roll, aber auch Entbehrungen, Knochenbrüche, Minus auf dem Konto. Dann kommt immer wieder ein positives Feedback, oft aus Ecken, aus denen man es nicht erwartet, und ich spüre: Wir fallen auf und sind gekommen, um zu bleiben!

Razed Skateboarding Club Augsburg e.V.
Bäckergasse 4 | 86150 Augsburg
www.facebook.com/skateboarding.augsburg/
www.razed-ev.de
www.autistaskates.de/wordpress/
info@razed-ev.de

TROPICAL VOODOO CURRY

für 5 Personen

2–3 EL gelbe Currypaste
(je nach dem, wie scharf man es mag)
2 Dosen Kokosmilch
200 ml Gemüsebrühe
1 Stängel Zitronengras
1 Stück Ingwer
1 Ananas
1 Banane
2 rote Paprika
2 rote Zwiebeln
500 g junge Kartoffeln
3 Karotten
ca. 400 g Tofu oder Fleisch
500 g Basmatireis
1 Bund Koriander
1 Bund Minze

1. Ingwer und Zitronengras hacken und zusammen mit der Currypaste goldbraun rösten.
2. Kokosmilch und Gemüsebrühe dazugeben und ca. 30 Minuten zugedeckt köcheln lassen.

3. Den Reis mit einem halben Liter Wasser in einem großen Topf zum Kochen bringen und zugedeckt bei niedriger Hitze köcheln lassen.
4. Ananas und Banane schälen und zusammen mit den Paprika, den Karotten und dem Tofu in mundgerechte Stücke schneiden.
5. Die Zwiebel in Achtel und die Kartoffeln in Viertel schneiden.
6. In einer Pfanne oder einem beschichteten Topf die Zwiebeln in etwas Fett (z.B. Kokosöl) dünsten, bis sie goldbraun sind. Anschließend in eine Schüssel geben und beiseitestellen.
7. Tofu, Obst (die Banane am Schluss) und Gemüse in die Pfanne geben und bei starker Hitze kurz anbraten.
8. Die Minze und den Koriander hacken.
9. Kräuter zusammen mit der Currysoße und dem Gemüse in eine Schüssel geben und alles vorsichtig durchmischen.

Bon Voodoo wünscht Captain Karotte!

ROCK YOUR LIFE!
Augsburg e.V.

Seit Juni 2015 ist auch Augsburg ein Punkt auf der
»Rock Your Life!«-Landkarte. Der Augsburger Verein bringt
Studenten und interessierte Schüler der Mittelschulen in einem
individuellen Mentorenprogramm zusammen.

Roswitha:

Fabienne, Jan-Lukas und Thomas, ihr steht für
die unterschiedlichen Säulen von »Rock Your
Life!«

Ihr beide, Fabienne und Jan-Lukas, seid Vorsit-
zende und leitet das Orgateam. Zusätzlich hast
du, Jan-Lukas, noch die Rolle als Mentor – und
zwar für deinen Mentee Thomas.

Wie genau muss man sich den Aufbau eures
Projektes vorstellen?

Fabienne:

Wir als Vorsitzende koordinieren die zwei
Hauptbestandteile des Orgateams, nämlich das
Mentoring und die Netzwerkarbeit. Das 1:1-Men-
toring ist das Herzstück unseres Vereins, bei
dem Mittelschüler der 8. Klasse zwei Jahre lang
einen Studenten an die Seite bekommen. Auf
freiwilliger Basis bilden wir jeden Herbst eine
neue Kohorte von Paaren.

Jan-Lukas:

Genau das ist ein wichtiger Faktor, weshalb
die Idee funktioniert. Um über einen so großen
Zeitraum hinweg eine Beziehung aufzubauen
und etwas zu erreichen, müssen beide Motivation und Durchhaltevermögen mitbringen. Die
Mischung aus eigenverantwortlicher Freizeit-
gestaltung und unterstützendem Programm
vonseiten des Vereins ist perfekt. Es finden z.B.
im Laufe der Zeit drei professionelle Trainings
statt, deren Ziel es ist, sowohl Mentor als auch
Mentee zu fördern, ihre Beziehung zu festigen
und gemeinsame Ziele zu erarbeiten.

Thomas:

Ich sehe Jan-Lukas als Freund, der mir bei der Schule und der Ausbildungssuche hilft. Es ist richtig toll, mit ihm etwas zu unternehmen und jemanden an der Seite zu haben, der einen unterstützt. Das brauche ich: eine Art Kumpel, mit dem ich reden kann, zu dem ich Vertrauen haben kann. Wir unternehmen regelmäßig etwas zusammen: Zum Beispiel gehen wir zum Baden oder kochen zusammen …

Jan-Lukas:

Ja, die Lasagne z.B.!

Thomas:

Ich glaube, dass er ein guter Mensch ist, obwohl ich ihn noch nicht so gut kenne. Selbst wenn das Mentoring vorbei ist, werde ich definitiv noch Kontakt zu ihm haben. Vielleicht entwickelt sich auch eine lange Freundschaft daraus.

Roswitha:

Ihr versucht, noch mehr Mitglieder zu finden, noch mehr Schulen zur Zusammenarbeit zu bewegen und ein großes Netzwerk aufzubauen.

Fabienne:

Ja, wir müssen Schulleitung, Lehrer und Eltern informieren und davon überzeugen, dass Rock Your Life! eine große Chance für die Gesellschaft ist. Wie bereits gesagt, ist das Netz-werk ein wichtiger Part unserer Idee, denn wir bemühen uns, Verbindungen zu Unternehmen, zu anderen ehrenamtlichen Vereinen und der Stadt Augsburg zu schaffen. Dabei ist nicht nur das Fundraising wichtig, sondern auch die Verbesserung der Chancen auf Praktika und Ausbildungsplätze für die Schüler und die gute Zusammenarbeit mit anderen Instanzen.

Roswitha:

Das hört sich nach einem tollen Konzept an. Fabienne, was treibt dich an, was macht Rock Your Life! für dich zu etwas Besonderem? Was war dein Highlight?

Fabienne:

Es ist aufregend, etwas Eigenes zu machen. Ich studiere Geographie und möchte beruflich gerne geopolitisch aktiv werden. »Rock Your Life!« ist für mich ein guter Ansatz, mich sozial zu engagie-ren. Mein Highlight war das erste Speed Dating: Die Mühe und Arbeit bekamen dort endlich ein Gesicht. Beim Speed Dating treffen sich Schüler und Studenten das erste Mal, um sich kennenzu-lernen und ihren perfekten Partner zu finden.

Jan-Lukas:

Mein Highlight war das erste Training bei »Rock Your Life!« Ich habe gesehen, wie professionell der Verein ist.

Roswitha:

Was ist euch bei »Rock Your Life!« wichtig?

Fabienne:

Der Glaube an sich und andere.

Thomas:

Ehrlichkeit!

Jan-Lukas:

Kontinuität. Man hat ja Verantwortung gegenüber dem anderen.

Roswitha:

*Das hört sich toll an – was sollte man noch
über euch wissen?*

Fabienne:

Noch sind wir ein sehr junger, dynamischer
Verein, bestehend aus ehrenamtlichen Studenten, die etwas in Augsburg bewegen wollen und
dazulernen möchten.

Jan-Lukas:

Der Augsburger Verein steckt quasi noch in den
Kinderschuhen, weshalb wir uns über jegli-
che Unterstützung freuen. Wir sehen großes
Potenzial in der Idee und versuchen, stetig neue
Menschen dafür zu begeistern, damit »Rock
Your Life!« in Augsburg nachhaltig bestehen
bleiben kann.

Thomas:

Let's rock!

Rock Your Life! Augsburg e.V.
www.rockyourlife.de/standort/augsburg
augsburg@rockyourlife.de
Facebook: ROCK YOUR LIFE Augsburg

8 Lasagneplatten

600 g Hackfleisch

3 EL Olivenöl

1 Karotte

1 Stück Sellerie

1 Zwiebel

2 Knoblauchzehen

500 ml Milch

200 ml Weißwein

500 ml Gemüsebrühe

2 EL Tomatenmark

2 EL Butter

3 EL Mehl

100 g Parmesan

Salz, Pfeffer, Zucker, Muskat

LASAGNE

1. Karotte, Sellerie, Zwiebel und Knoblauch putzen und in Würfel schneiden. Das Öl erhitzen, Würfel gut anbraten und wieder aus der Pfanne nehmen.

2. Das Hackfleisch dazugeben und scharf anbraten. Gemüse hinzufügen und mit dem Weißwein ablöschen. Etwas köcheln lassen.

3. Tomatenmark und Brühe dazugeben, mit Salz, Pfeffer und einer Prise Zucker würzen und mit Deckel etwas kochen lassen.

4. Für die Béchamelsauce die Butter in einem Topf zergehen lassen, das Mehl einrühren und kurz anschwitzen lassen, dann unter Rühren nach und nach die Milch zugießen. Mit Muskat und Salz abschmecken und einmal aufkochen lassen.

5. Eine Auflaufform fetten und mit Lasagneplatten belegen. Ein Paar Löffel Béchamelsauce darauf verteilen, mit etwas Parmesan bestreuen und etwas von der Bolognese darübergeben. Dann Schicht für Schicht, bis alle Zutaten verbraucht sind. Die oberste Schicht sollte aus der Béchamelsauce bestehen, die gleichmäßig mit dem Parmesan bestreut wird.

6. Im vorgeheizten Backofen bei 180 °C ca. 20 Minuten überbacken.

SHALOM
e.V.

In Haunstetten wird der Vereinsamung und Verwahrlosung entgegengewirkt. Bei Frühstück am Samstag, bei Bastelnachmittagen, bei Grillfesten kann Vertrauen aufgebaut und Hilfe geleistet werden, manchmal kann auch ein bisschen Familie ersetzt werden.

Roswitha:
Frau Wiessner, Herr Hagel, ihr führt den Verein als Vorsitzende weiter, den Schwester Maria Stiegeler 1999 für Haunstetten gegründet hat, um Menschen zu helfen.

Frau Wiessner:
Ja. Jeden Samstag bieten wir von 9–12 Uhr Frühstück an und meist auch Mittagessen. Wir sind einfach da, hören zu, diskutieren, beten und singen zusammen; Frau Beermann unterstützt uns mit ihrer Gitarre. Finanziert wird das durch Mitgliederbeiträge, Spenden, Oster- und Adventsbasare, die Miete wird zur Hälfte von den christlichen Kirchen übernommen.

Herr Hagel:
Der gute Geist steckt dahinter. Wenn die Besucher ihn mitnehmen, ist es gut, wenn nicht, dann halt nicht.

Roswitha:

Ich denke, dass die guten Geister gerade vor mir sitzen. Ihr bietet nicht nur den regelmäßigen Samstagtreff an.

Frau Wiessner:

Stimmt, wir haben z.B. am Heiligen Abend auf, damit keiner allein sein muss. Wir singen, erzählen Geschichten, es gibt Apfelpunsch und Plätzchen, später das Weihnachtsevangelium und Abendessen. Auch das Osterfrühstück ist schon Tradition. Es gibt jedes Jahr einen »Shalom-Tag« mit Gottesdienst in St. Pius, Mittagessen, dann bei Kaffee und Kuchen Märchen für Erwachsene. 2015 feierten wir sogar eine Hochzeit bei uns. Wir sehen uns als Familie, zumindest als Familienersatz.

Herr Hagel:

Allerdings könnten wir mehr Ehrenamtliche brauchen, die nicht nur beim Spülen helfen, sondern die sich mit uns um die Leute, die zu uns kommen, bemühen, ihnen zuhören und sie verstehen wollen.

Roswitha:

Der Verein leistet ja noch mehr ...

Frau Wiessner:

Wenn die Spenden ausreichen, dann helfen wir unbürokratisch in einzelnen Fällen mit kleinen Geldbeträgen, die zurückgezahlt werden müssen. In dringenden Fällen haben wir schon Medikamente, Tierarztrechnungen oder eine Stromrechnung übernommen. Im Vordergrund steht aber unser Motto »Hilfe zur Selbsthilfe«. Wir werden dabei mit Sach- und Geldspenden unterstützt, z.B. hat die Gruppe Aufwind ihren Erlös aus dem Jubiläumskonzert gespendet, die Spengler-Innung hat beim historischen Bürgerfest Kupferrosen gefertigt und den Erlös dem Shalom e.V. und dem Bunten Kreis zukommen lassen. Beim »Augsburger Seniorenpreis 2013« erhielten wir den 1. Preis und Ehrenpreis, von den Pfarreien gibt es zu Weihnachten Einkaufsgutscheine und Geschenkpakete, die Bäckerei Forster unterstützt uns seit Jahren mit regelmäßiger Brotlieferung, viele einzelne Personen unterstützen uns mit Sachspenden.

Roswitha:

Das ist die materielle Seite. Aber bei euch steht der Mensch als Ganzes im Vordergrund.

Herr Hagel:

Jeder Mensch hat seine Daseinsberechtigung. Wer sich selbst sucht, sollte solche Projekte machen. Ich mache die Arbeit hier aus christlicher Motivation und auch aus Neugierde. Am Samstagvormittag könnte ich mir auch was anderes vorstellen, aber ich komme trotzdem. Meiner Meinung nach fehlt in unserer Gesellschaft die Fähigkeit zum Dastehen, Dasein, Treusein, auch dann, wenn es mal nicht so läuft. Wichtig ist, Kompromisse zu finden. Und man muss lernen, dass man nicht allen helfen kann. Es wäre falsch, den Leuten hinterherzurennen. Das wäre ein Fass ohne Boden.

Frau Wiessner:

Jeden Samstag lerne ich dazu. So viel habe ich die Jahre vorher nicht gelernt. Ich selbst kann gut zuhören und nüchtern denken. Das ist wichtig, denn manche Besucher sind so chaotisch. Manchmal reicht es, sie einfach in die Arme zu nehmen, zu fragen, wie es ihnen geht. Wir nehmen alle ernst, behandeln jeden mit dem gebührenden Respekt. Wir zeigen, dass jeder einzelne wichtig ist. Dabei erleben wir, dass sie sich auch untereinander fürsorglicher begegnen. Sie besuchen sich z. B. gegenseitig im Krankenhaus, mich haben sie auch besucht. Und als Shalom-Familie gehen wir alle auch auf dem letzten Weg mit.

Roswitha:

Was wünscht Ihr euch für die Zukunft?

Frau Wiessner, Herr Hagel:

Shalom! Friede!

Shalom e.V. Augsburg
Hofackerstr. 51 | 86179 Augsburg
www.shalom-augsburg.de
mail@shalom-augsburg.de

GEMÜSEEINTOPF

für 20 Personen

2 kg Gulasch
6 kg Kartoffeln
6 Paprika
500 g Karotten
500 g Zwiebeln
500 g grüne Bohnen
3 Stangen Lauch
¼ Sellerie
Petersilie
Tomatenmark
Rosenpaprika
Gemüsebrühe
Salz, Pfeffer

1. Das Gemüse waschen, würfeln beziehungsweise klein schneiden. Das Fleisch in kleine Würfel schneiden.

2. Das Fleisch scharf anbraten, die Zwiebeln dazugeben und mit anbraten.

3. Das Gemüse hinzugeben und andünsten.

4. Mit 5 Liter Brühe aufgießen.

5. Tomatenmark, Pfeffer und Paprikapulver zugeben und kochen, bis der Eintopf bissfest weich ist.

6. Mit Salz und Gewürzen abschmecken und mit gehackter Petersilie bestreut servieren.

SOLIDARISCHE LANDWIRTSCHAFT

Regionale Lebensmittel werden nicht mehr über den Markt vertrieben, sondern bleiben in einem eigenen Wirtschaftskreislauf, der von den Teilnehmer*Innen selbst organisiert und finanziert wird. So wird bäuerliche und vielfältige Landwirtschaft erhalten.

Roswitha:

Bettina, du hast die Solidarische Landwirtschaft nach Augsburg gebracht.

Bettina:

Ich habe in einem Heft etwas über Solidarische Landwirtschaft gelesen und war von der Idee begeistert. Im Internet fand ich das Netzwerk dazu und habe mich dem schon mal spontan angeschlossen. Ich wollte erst mal nur Erfahrungsaustausch. Ich habe mich viel damit beschäftigt, was in der industriellen Landwirtschaft schiefläuft. Dann habe ich aber schnell gemerkt, dass ich SoLaWi in Augsburg machen möchte. Ich hatte mich vorher schon »attac« angeschlossen. Dort habe ich Bruno Marcon kennengelernt und bin so an Weitwinkel e.V. gekommen, die jetzt als Träger der SoLaWi Augsburg fungieren.

Roswitha:

Jana, du warst schon Mitglied im Verein.

Jana:

Ich habe ein kleines Stück Land, das meine Eltern vor zehn Jahren gekauft hatten. Meine landwirtschaftliche Ausbildung habe ich auf dem Pfänderhof in Schwabmünchen gemacht. Vor vier Jahren habe ich Bettina kennengelernt, und wir haben angefangen zu planen. Ohne die Gemeinschaft hätte ich mir die eigene Selbstständigkeit nicht zugetraut. Sie gibt mir einen sicheren Rahmen.

Bettina:

Das mit Jana war eigentlich das Pilotprojekt. Wir starteten mit 22 Mitgliedern. Es waren viele Bekannte dabei. Inzwischen sind es drei Landwirte und insgesamt 64 Mitglieder. Es gibt ein Hauptdepot in der Weißen Gasse und vier Depots in verschiedenen Stadtteilen. Jeweils am Montag sind die Depots gefüllt und die Teilnehmer können ihren Ernteanteil abholen. Ein Ernteanteil ist ausreichend für eine Person. Es gibt auch eine Tauschkiste. Dass wir jetzt drei Erzeuger haben, macht das Angebot vielfältiger und so ist das ganze Jahr etwas da.

Roswitha:

Was sind die Vorteile von Solidarischer Landwirtschaft?

Jana:

Es macht Spass, ich bin mit meinem Acker total glücklich und möchte nichts anderes mehr machen. Ich habe nicht den Druck, immer mehr produzieren zu müssen, so wie ich es bei anderen Betrieben gesehen habe. Es gibt keine weiten Wege, man muss nicht zwischenlagern, alles ist viel frischer. Man lernt eine andere Wertschätzung für Gemüse. Schön ist, dass es eine nette Gemeinschaft ist mit vielen neuen Bekanntschaften. Es hätte ohne SoLaWi für mich nicht funktioniert.

Bettina:

Wir als SoLaWi sind Landwirte und Stadtwirte! Wir sind Teil der drei Höfe. Es ist ein ganz anderer Bezug, als wenn ich nur in einen Bioladen gehe. Man ist integriert, lernt ständig dazu, auch wenn nur gemeinsam Unkraut gejätet wird. Alle Teilnehmer sitzen am Anfang eines Jahres zusammen und beschließen, was angebaut wird, was es kosten wird und die Kosten werden geteilt. Ein SoLaWi-Bauer muss sich in die Karten schauen lassen. So gibt es volle Transparenz. Ich sehe, wo mein Gemüse herkommt, kann es zwischendurch besuchen, kann schauen: Wie geht es meinen Tomaten? So können wir Kleinbauern unterstützen, sogar Höfe retten. Martin hat noch den Hofladen als zweites Standbein, Jana hat nur SoLaWi.

Martin:

Es geht nicht ohne Gemeinschaft! Man muss die Abnehmer integrieren und sie an Mutter Erde heranführen. Auch die Bauern haben keinen Bezug mehr zu ihrem Boden, wenn sie nur auf großen Maschinen sitzen, ein paar Meter über dem Boden im Hochhaus! Man darf die Erde nutzen, aber nicht ausnutzen. Mutter Erde ist wie ein Lebewesen: Wenn ich sie zerstöre, zerstöre ich mich selbst. Die Pflanze wächst auch ohne mich, ich habe sie nur zu pflegen und zu beschützen. Jeder hat die Aufgabe dazu, keiner hat das Recht zu zerstören. Lasst das Gift weg!

Roswitha:

Was ist euch persönlich wichtig?

Jana:

Es ist für mich immer schön, wenn ich auf dem Acker sein kann. Und noch schöner, wenn dann Teilnehmer rauskommen, mithelfen und sehen, wie es wächst.

Bettina:

Für mich sind die Hofbegehungen und Hoffeste das Schönste. Wir waren auch beim Regionalvermarktertag im Botanischen Garten dabei. Geplant ist auch noch eine Ausweitung der Produktpalette. Wir sind im Gespräch mit einem Obstbauern und einem Milchbauern. Ich wünsche mir, dass sich die Idee noch weiterverbreitet und dass so noch mehr Höfe gerettet werden können.

SoLaWi
www.solidarische-landwirtschaft-augsburg.de
info@solidarische-landwirtschaft-augsburg.de

MANGOLD-TOMATEN

mit

HIRSE

für 3 Personen

200 g Hirse
8 feste Tomaten
1 Bund Mangold (ca. 200 g)
200 g Tofu (natur)
1 Zwiebel
2 EL Öl
Salz
Pfeffer
Thymian
Oregano
Soja- oder Hafercuisine

1. Mangold waschen. Blätter von den Stielen abtrennen und in 1 cm breite Streifen schneiden, die Stiele fein würfeln.
2. Hirse nach Packungsanweisung zusammen mit den Mangoldstielen kochen.
3. Die Zwiebel in feine Würfel schneiden und mit Öl in einer Pfanne kurz anbraten.
4. Tofu mit einer Gabel zerdrücken und zu den Zwiebeln in die Pfanne geben.
5. Die Pfanne von der Herdplatte nehmen, die Mangoldblätter hinzugeben, im Öl wenden und mit Salz und Pfeffer würzen.
6. Tomaten waschen, den Stielansatz herausschneiden und einen Deckel abschneiden.
7. Das Innere der Tomaten mit einem Löffel aushöhlen, die wässrigen Kerne entfernen und das herausgelöste Fruchtfleisch und den Deckel fein schneiden.
8. Das Fruchtfleisch und die geschnittenen Tomatendeckel in die gekochte Hirse einrühren.
9. Hirse in eine Auflaufform geben.
10. Tomaten mit der Tofu-Mangold-Mischung füllen und zur Hirse in die Auflaufform setzen.
11. Etwa 15 Minuten bei 180 °C backen.
12. Anschließend etwas Soja- oder Hafercuisine über die gefüllten Tomaten geben.
13. Thymian und Oregano schneiden und ebenfalls über die Tomaten streuen.

STADTJUGENDRING
Augsburg

Der SJR des Bayerischen Jugendrings vertritt die Interessen der Kinder und Jugendlichen und bezieht Stellung zu politischen und gesellschaftlichen Themen. Der SJR ist auch die Arbeitsgemeinschaft der Jugendorganisationen und vertritt 43 Jugendverbände.

Roswitha:

Franz, du bist Vorstand des Stadtjugendrings Augsburg (SJR). Jeder weiß, dass es den SJR gibt, aber wenige wissen, was das alles umfasst.

Franz:

Wir sind die Arbeitsgemeinschaft der Jugendorganisationen in der Stadt Augsburg, Bildungsträger sowie Träger von Einrichtungen der Offenen Jugendarbeit und Anbieter von Freizeitangeboten. Zurzeit betreut der SJR zehn Einrichtungen und verschiedene Treffs und vertritt 43 Jugendverbände. Die Mitarbeiter sind als Streetworker an vielen Orten der Stadt aktiv. An fünf Augsburger Schulen übernehmen wir die Schülerbetreuung. Und wir organisieren Groß- projekte wie das Modular Festival, die Rotary Streetsoccer Matchdays oder jugendpolitische Veranstaltungen wie die Fachtagung zur Shell Jugendstudie und den Fachtag Islam.

Roswitha:

Das ist viel mehr, als ich gedacht hätte! Und dieses Riesengebilde mit 120 festangestellten Mitarbeitern leitest du ehrenamtlich?

Franz:

Ja, ich studiere noch und bin seit sechs Jahren im Vorstand sowie seit 2015 Vorsitzender. Mit 14 Jahren engagierte ich mich bereits ehrenamtlich in der Evangelischen Jugend. Beim SJR kann ich nun auch auf Stadtebene etwas bewegen.

Roswitha:

Wir sind hier im »k15«, dem offenen Jugendtreff in der Kanalstraße. Sandra, du bist pädagogische Mitarbeiterin. Was gefällt dir an deiner Arbeit und warum treffen wir uns heute an einem Donnerstag?

Sandra:

Besonders gut gefällt mir, dass jeder Tag anders ist. Es ist abwechslungsreich, man wird immer wieder vor neue Herausforderungen gestellt und hat mit vielen ganz unterschiedlichen Menschen zu tun.

Seit September 2015 findet hier jeden Donnerstag die »Villa k« statt, ein offener Cafébetrieb mit Kochaktionen und gemeinsamem Essen. Dabei binden wir neben den jugendlichen Hausbesuchern auch die Nachbarschaft und die nahe gelegene Gemeinschaftsunterkunft für Geflüchtete ein. Mathias ist Gründungsmitglied und seit Beginn ehrenamtlich bei der »Villa k« dabei.

Mathias:

Kristin, die mit mir im Café Schülertreff arbeitet, und ich hatten die Idee zur »Villa k«, um mehr Freiräume und Begegnungsmöglichkeiten zu schaffen. In der »Villa k« treffen sich viele Kinder unterschiedlicher Herkunft und ihre Eltern. Kochen dient als verbindendes Element.

Wir können so nicht nur Geflüchtete integrieren, sondern auch die ansässige Bevölkerung an den Integrationsgedanken heranführen und wechselseitiges Verständnis fördern. Beim internationalen Kochen verschwinden Vorurteile, weil mehr Berührungspunkte da sind. Das Wichtigste ist, dass jeder bei der »Villa k« mitmachen kann.

Roswitha:

Von der »Villa k« wissen noch wenige in der Stadt. Wesentlich bekannter ist da das Modular Festival. Anna, du bist die Verantwortliche für das Rahmenprogramm.

Anna:

Ja, das Modular gibt es seit 2009 und ich selbst bin vor zwei Jahren dazugestoßen. Als Referentin für Jugendkultur verantworte ich gemeinsam mit dem Modular-Team das inhaltliche Rahmenprogramm des Festivals. Es ist schön, mit den vielen Projektpartnern und Ehrenamtlichen gemeinsam an so etwas Großem zu arbeiten. 2016 waren es immerhin 350 Volunteers. Die Begeisterung, mit der die jungen Volunteers dabei sind, überwältigt uns jedes Jahr aufs Neue.

Roswitha:

Frage an euch vier: Was macht ihr, wenn es mal nicht so läuft?

Mathias:

Dann läuft es eben anders. Wichtig ist es, flexibel und offen für Neues zu sein.

Sandra:

Gerade in der Offenen Jugendarbeit gilt es, viel auszuprobieren. Wenn etwas mal nicht so läuft, kann man trotzdem das Positive sehen und aus Fehlern lernen.

Franz:

Genau. Man kann das Positive im Negativen sehen. Etwas zu tun, ohne jemand anderem auf die Füße zu treten, ist fast unmöglich. Gerade deshalb muss man sich dann zusammensetzen, Probleme ausdiskutieren und Lösungen erarbeiten.

Anna:

Sich flexibel zu bewegen und trotzdem der Idee treu zu bleiben, das ist die Herausforderung. Es gibt immer eine Alternative. Wenn sie nicht die beste ist, dann muss man sie für sich selbst zur besten machen.

Roswitha:

Welche Projekte oder Aspekte eurer Arbeit haben euch 2016 am meisten Freude bereitet?

Franz:

Für mich waren die Rotary Streetsoccer Matchdays das Ereignis 2016. Das ist interkulturelles Fairplay, das wir in der ganzen Stadt umgesetzt haben.

Sandra:

Mich freut es immer wieder zu sehen, wie die Kids sich entwickeln und wie rasend schnell sie Deutsch lernen.

Mathias:

Am meisten freue ich mich über sichtbare positive Auswirkungen unseres Engagements. Unsere Generation lebt interkulturell zusammen und das ist eine große Chance für alle Beteiligten.

Anna:

Mich begeistert das Kennenlernen neuer interessanter Menschen und Projektpartner. Das Modular Festival ist die perfekte Spielwiese dafür.

Stadtjugendring Augsburg KdöR
Geschäftsstelle
Schwibbogenplatz 1 | 86153 Augsburg
www.sjr-a.de
geschaeftsstelle@sjr-a.de

Vrieke

1 kg Reis
Salz, Öl
1 kg grüner Weizen, geschrotet
Salz, Öl
2 EL Butterschmalz
2 kg Hühnchen
2 Zwiebeln
Pfeffer
Mandeln

1. Hühnchen mit Zwiebel-
stücken in reichlich Wasser
½–1 Stunde kochen.
2. Grünen Weizen in Butterschmalz andünsten, mit Hühnerbrühe auffüllen, einkochen
lassen.
3. Gewaschenen, noch nassen
Reis in anderer Pfanne in
Butterschmalz andünsten, mit
Hühnerbrühe auffüllen, einkochen lassen, bis er fast fest ist.
4. Hühnchen in Stücke teilen,
mit etwas Öl übergießen und
im Backofen bei 180 °C braten.
5. Mandeln abziehen und ganz
in der Pfanne anrösten.

VRIEKE

mit

FALAFEL

Falafel (schnell und vegan)

1 kg Kichererbsen

4 Zwiebeln

12 Knoblauchzehen

12 EL Petersilie

4 TL gehäuft Kreuzkümmel

4 TL gehäuft Koriander

2 TL Kurkuma

Salz, Pfeffer

36 EL Mehl

4 TL gestr. Backpulver

4 l Öl zum Fritieren

Sauce zu Falafel

Sesampaste, 1 Tasse Wasser, Zitronensaft, Pfeffer, Salz

1. Die Kichererbsen abtropfen lassen und mit kaltem Wasser gut abspülen. Zwiebeln und Knoblauch schälen und zerkleinern.

2. Kichererbsen mit Zwiebeln, Knoblauch und Petersilie pürieren, bis eine Paste entsteht. Gewürze hinzufügen und noch einmal durchpürieren, bis alles gut vermischt ist.

3. Die Paste in eine Schüssel geben, das Mehl löffelweise hinzugeben und mit einer Gabel untermischen. Zuletzt das Backpulver unterheben.

4. Jeweils einen Esslöffel Teig mit den Fingerspitzen zu kleinen Bällchen formen.

5. Das Öl in einem Topf auf höchster Stufe aufheizen. Die Bällchen in das heiße Öl geben und etwa 2–4 Minuten frittieren, bis sie richtig schön braun und knusprig sind.

Auf einer großen Platte den Weizen anrichten. Darauf Reis und Hühnchenteile und zum Schluss darüber die Mandeln verteilen. Die Falafel und gemischten Salat dazu anbieten.

TRANSITION TOWN

Augsburg

e.V.

*Die Transition-Town-Bewegung ruft weltweit Projekte ins Leben,
sammelt Ideen und vernetzt bestehende Initiativen, um besser
mit Ressourcen, Energie und Nahrung umzugehen.*

Roswitha:

*Ich habe vor Jahren das Buch »Energiewende.
Das Handbuch« des Iren Rob Hopkins gelesen –
zur gleichen Zeit wie Peter Schnürer. Wir haben
uns dann im Café vom Sozialkaufhaus contact
getroffen und beschlossen, dass auch Augsburg eine der 2.500 Transition Towns werden
muss. Die Vereinsgründung erfolgte ziemlich
schnell danach in der Bikekitchen.
Marion, wann und wie bist du dazu gestoßen?*

Marion:

Ich war schon mein ganzes Leben lang ehrenamtlich engagiert, war Tutorin, bei amnesty
international, war in der Elterninitiative aktiv.
Nach meiner Trennung wollte ich eigentlich meinen Fokus nur auf den Beruf legen. Ganz ohne
Engagement ging es aber doch nicht. So war
ich erst im Frauenzentrum aktiv. Bei den Lech-
Chorallen (im Frauenzentrum) habe ich Martina
getroffen, die mir wiederum von der contact-

Dorf-Initiative erzählt hat. Dort kam ich gerade rechtzeitig zur Gründung des contact-Dorf e.V. und dabei habe ich Sabine wieder getroffen. Zusammen entwickelten wir das Konzept »Lebensraum Schwabencenter«. Die erste Aktivität dieses Projekts ist wiederum das »Wohnzimmer« im Schwabencenter. Damit dafür kein eigener Verein gegründet werden musste, fungiert Transition Town Augsburg als Träger. Als ich mal in der Bikekitchen mein Rad gewartet hab, bin ich mit Günter ins Gespräch gekommen. Der war nach Peter Schnürer der neue Vorsitzende und suchte noch einen Kassenwart. Das war mein Einstieg bei TTA. Transition Town heißt Stadt im Wandel, die eigene Stadt mitgestalten. Das wollte ich. Mein Reichtum sind die sozialen Kontakte in Laufnähe. Geld ist was Gestriges. Wirklicher Reichtum ist soziale und kulturelle Fülle, so etwas wie das Nutzen des Gemeinguts oder die Freiheit, ohne »Gated Communities« zu leben. Ich wünsche mir aktive, mündige Bürger, die sehen, dass sie was ändern können, und nicht nur Wesen sind, die etwas empfangen oder erleiden. Unsere Umwelt ist so, wie wir sie uns gestalten. Ich habe von der Gesellschaft viel geschenkt bekommen, z.B. Bildung und Anregungen für eigenes Denken/Freigeistigkeit. Jetzt möchte ich etwas zurückgeben. Ich kann

mir ein Leben, ohne etwas für die Gemeinschaft zu tun, nicht vorstellen. Das Leben findet hier und jetzt statt. Zusammen mit allen, die sich darauf einlassen.

Roswitha:

Noch mal zu TTA: Wie hat sich der Verein seit der Gründung entwickelt?

Marion:

Im Gegensatz zu anderen Städten gibt es in Augsburg nicht so viele Projekte aus TTA heraus, sondern der Verein dient von Anfang an mehr der Vernetzung bereits bestehender oder sich gründender Initiativen. Meist sind die Mitglieder selbst schon so mit ihren Projekten beschäftigt, dass wir nicht noch weitere Gruppen aus uns heraus gründen. Dafür sind wir Träger vieler Arbeitsgruppen: Lebensraum Schwabencenter haben wir schon genannt. Die Cityfarm Augsburg gehört mit dazu, genauso wie »Max und Moritz«, die Lastenfahrradinitiative von Günter, »Volldabei«, die Initiative für Offenheit und Toleranz von Susanne und Holger Thoma. Dieses Jahr haben wir die Bikekitchen im Schwabencenter gestartet, um damit die Bikekitchen-Idee in die Stadtviertel zu tragen. Das alles macht einfach auch Spaß: Interessante Leute kennenlernen, gemeinsam etwas bewegen können!

Daneben ist Transition Town Mitglied der Lokalen Agenda 21. Das beflügelt mich einfach, so viel gebündelte Energie! Viele gute Initiativen und ihre Macher*Innen! Auch das gemeinsame Agenda-Wochenende: Der Spirit war super!

Roswitha:

Was wünschst du dir für die Zukunft?

Marion:

Für mich persönlich, dass ich mit Menschen leben kann, mit denen ich gern zu tun habe und dass ich mich im Dialog weiterentwickle. Außerdem möchte ich noch besser Akkordeon lernen! Meine nächsten Ideen sind, einen gemeinsamen Nachbarschaftskomposter und ein gemeinschaftliches Lastenfahrrad in meiner Garage ins Leben zu rufen. Für die Umwelt wünsche ich mir weniger CO_2-Emissionen und dass Geld nicht mehr die Welt regiert, also eine Gesellschaft nach dem Geld.

Roswitha:

Und jetzt möchte ich noch wissen, was dir in letzter Zeit besondere Freude bereitet hat.

Marion:

Im »Wohnzimmer« mit zunächst wildfremden Menschen schafkopfen, spontan du zueinander sagen. Entdecken, dass es auch mit Menschen, die uns mehr oder weniger zufällig über den Weg laufen, mehr Verbindendes als Trennendes gibt. Das wäre meine Vorstellung von Inklusion: Jeder soll da mitmachen können, wo seine Interessen liegen, und zwar so, wie er ist. Den §3 GG jeden Tag feiern! Gern würde ich mal ein Jahr in Frankreich leben und dort arbeiten. Aber Augsburg finde ich gerade sehr spannend und es ist einfach die Stadt, in der ich verwurzelt bin.

Transition Town Augsburg e.V.
Obstmarkt 11 | 86152 Augsburg
www.transition-town-augsburg.de
info@transition-town-augsburg.de

EMPANADAS
vegetarische Variante

Füllung

200 g Soja-Schnitzel fein

1 kg Zwiebeln

1 TL Kreuzkümmel

2 gekochte Eier

1 Glas Oliven mit Paprikafüllung

125 ml Rotwein

Zitrone

Salz, Pfeffer

Olivenöl

1. Soja-Schnitzel nach Packungsanleitung in heißer Brühe einweichen.

2. Zwiebeln schälen und klein schneiden.

3. Die gekochten Eier in Scheiben und die Oliven in Ringe schneiden.

4. Kreuzkümmel im Mörser zerstoßen.

5. Einen Topf mit Olivenöl erhitzen, Zwiebeln darin glasig dünsten, Soja-Schnitzel hinzufügen und anbraten. Den zerstoßenen Kreuzkümmel dazugeben.

6. Mit Rotwein ablöschen und mit etwas Zitronensaft, Salz und Pfeffer abschmecken.

7. Bei mittlerer Hitze 1–2 Stunden köcheln lassen.

Teig

250 g Butter
500 g Dinkelmehl
½ TL Salz
200 ml Wasser

1. Zutaten in einer Schüssel mit der Hand vermengen. Sobald der Teig glatt ist, mit den Handballen kräftig abkneten, bis der Teig geschmeidig ist.

2. Anschließend den Teig auf der Arbeitsplatte dünn ausrollen und Kreise ausstechen (z.B. mit einer Tasse).

3. Einen Klecks Füllung mit einer Scheibe Ei und einem Olivenring in die Mitte des Teigkreises geben.

4. Den Teig zusammenklappen und die Ränder gut zudrücken.

5. Anschließend auf ein Backblech legen und mit Eigelb bestreichen.

6. Bei 200 °C ca. 20 Minuten im Backofen lassen, bis sie goldgelb sind.

UNSER HAUS

e.V.

Absicht des Vereins ist es, dem Immobilienmarkt auf Dauer ein Haus zu entziehen und so bezahlbaren Wohn- und Lebensraum zu schaffen, der auf Selbstverwaltung und Solidarität aufgebaut ist.

Roswitha:

Ihr seid eine Gruppe, die alle Entscheidungen gemeinsam trifft, und ihr habt uns erklärt, dass wenn einer spricht, immer im Namen der ganzen Gruppe gesprochen wird. Ist es dann in eurem Sinne, wenn ich statt eines Namens »alle« schreibe?

Alle:

Ja, das ist in unserem Sinn. Auch bei sonstigen Aktivitäten wie der Öffentlichkeits- und Vereinsarbeit, Aktionsplanung und Verwaltung

entscheiden wir im Konsensprinzip. Ein gleichberechtigter Umgang ist uns sowohl im Privaten als auch im Verein wie auch beim späteren Wohnen wichtig.

Roswitha:
Was wollt ihr mit eurem Verein erreichen?
Alle:
Unser Ziel ist es, den steigenden Mietpreisen und Immobilienspekulationen in Augsburg entgegenzutreten. Dabei ist für uns relevant, dass das Wohnprojekt nachhaltig bestehen und nicht – wie das beispielsweise bei Hausbesetzungen früher der Fall war – aufgrund eines illegalen Status geräumt werden kann. Wir verstehen uns als eine Gemeinschaft, die nicht nur den reinen Wohnungszweck verfolgt, sondern vor allem Projektcharakter haben soll, der auch Raum für andere Menschen schaffen soll.

Roswitha:
Das heißt?
Alle:
Wir verstehen bezahlbaren Wohnraum als Grundbedürfnis. Um nicht mehr von fremden Vermietern abhängig zu sein, fanden wir Gefallen am Konzept des Mietshäuser Syndikats Freiburg. In der GmbH, die Eigentümerin unseres Hauses sein wird, sind je zur Hälfte der Hausverein, in unserem Fall Unser Haus e.V., und das Syndikat Gesellschafter. Um das Haus, das uns in Augsburg regelrecht in den Schoß gefallen ist, kaufen zu können, brauchen wir aber mehr als dieses Gründungskapital an Eigenkapital, um wiederum genügend Fremdkapital von den Banken bekommen zu können. Deshalb ist eine unserer Hauptaufgaben die Beschaffung von Direktkrediten von Freund*innen, Bekannten und am Projekt Interessierten, damit wir möglichst wenig von den Banken abhängig sein werden. Mit jedem Haus, das gekauft wird, steigt die Zahl derer, die am Mietshäuser Syndikat beteiligt sind. Inzwischen sind es 118 Projekte mit einer vierstelligen Zahl an Bewohnern. Wir werden in Bayern das vierte Projekt sein. Eine der Grundeigenschaften, die das Haus auf Dauer sichert, ist, dass ohne Zustimmung vom Syndikat, also aller Bewohner*innen aller Projekte, nicht verkauft werden darf. Wer im Haus wohnt, ist Mitglied im Verein, der Verein ist Mitglied im Syndikat. Das Haus gehört also immer denen, die gerade darin wohnen. Unser Haus soll für 12 bis 16 Personen Wohnraum bieten. Dass im Laufe der Zeit auch manche aus- und andere einziehen werden, ist uns

klar. Auch als Familie sollte Platz sein, wenn es gewünscht wird.

Roswitha:
Ihr macht das Ganze ja nicht nur für euch selbst.
Alle:
Nein. Es ist uns wichtig, nachhaltig, langfristig und sozial zu denken. Durch das interessante Modell ist das Haus endgültig dem Immobilienmarkt entzogen. Nur so können niedrige Mieten auf Dauer garantiert werden. Ein langsames Rückzahlen der Kredite unterstützt das. Günstiges Wohnen ist aber nicht alles. Statt anonym nebeneinander zu leben, ist das Ziel des Projekts ein gemeinschaftliches Wohnen. Ein gemeinsames Leben mit Hierarchielosigkeit ist uns genauso wichtig wie Platz für politische, soziale und kulturelle Aktivitäten zu schaffen. Das Projekt ist nicht von den jeweils einzelnen Personen abhängig, sondern garantiert durch seine Strukturen ein dauerhaftes Bestehen in Augsburg.

Roswitha:
Euer Fazit aus der Anfangszeit?
Alle:
Viel Bereicherung auf unterschiedlichen Ebenen wie z.B. das Dazulernen, die Weiterbildung auf verschiedenen Gebieten, die Zusammenarbeit mit vielen unterschiedlichen Leuten und nicht zuletzt die Erfolgserlebnisse durch den bisher erarbeiteten Fortschritt!

Unser Haus e.V.
Frauentorstraße 34 | 86152 Augsburg
www.unserhausev.wordpress.com
unser-haus-augsburg@gmx.de

RATATOUILLE
mit
OFENKARTOFFELN

für 4 Personen

Ratatouille

2 EL Tomatenmark
100 ml Wasser
2 Paprikaschoten
1 Aubergine
2 Zucchini
1 rote Zwiebel
Rosmarin
Salz, Pfeffer

1. Zucchini, Paprika, Aubergine und die Zwiebel waschen bzw. putzen und in kleine Stücke schneiden.
2. Die Zwiebel in einem Topf oder einer Pfanne in Öl (Kokosöl) dünsten und das Gemüse hinzugeben. Zusammen mit etwas Rosmarin anbraten.
3. Anschließend das Tomatenmark und das Wasser hinzugeben. So lange köcheln lassen, bis das Gemüse die gewünschte Konsistenz hat. Mit Salz und Pfeffer abschmecken.

Ofenkartoffeln

1 kg Kartoffeln
Olivenöl
Gewürze nach Belieben

1. Die Kartoffeln waschen und vierteln.
2. Zu den Kartoffeln z.B. Thymian, Majoran, Salbei, Paprikapulver, Cayennepfeffer, Salz, Pfeffer und Olivenöl geben, alles gut durchmischen.
3. Den Ofen vorheizen Umluft auf 180–200 °C.
4. Dann ein Backblech mit Backpapier auslegen, die Kartoffeln auf dem Blech verteilen und in der Mitte des Ofens ca. 35 – 40 Minuten backen. Von Zeit zu Zeit die Kartoffeln etwas wenden.

Der Verbund ist ein Dachverband und Netzwerk von Werkstatt-Projekten, die zum Mitmachen und Ausprobieren einladen und Eigenarbeit fördern. Bundesweit gibt es derzeit ca. 150 offene Werkstätten in dem Netzwerk.

Roswitha:

Günter, der Verbund ist der Dachverband für alle offenen Werkstätten in Deutschland. Wie entstand der Dachverband?

Günter:

Es gab zuerst ein von der Stiftungsgemeinschaft »anstiftung & ertomis« gefördertes Projekt: ein loser informeller Zusammenschluss von offenen Werkstätten. Um die Idee weiter zu verbreiten und auch um die finanzielle Förderung der Idee zu vereinfachen, haben die Werkstätten einen Verein gegründet. Die Gründungssitzung fand in Augsburg in der Bikekitchen statt. Mir war klar: Wenn niemand die Initiative ergreift, dann tut sich halt nichts. Und für mich gab es tausend Gründe, etwas zu unternehmen. Teils des ökologischen Wandels wegen, aber vor allem, dass man wieder lernt, die Dinge wertzuschätzen. Die Idee ist, in freier und ungezwungener Umgebung seine Talente und Interessen zu entdecken. Learning by doing. Die Vielfalt, die die Werkstätten im Verbund anbieten, machen seinen großen Reiz aus. Auch wenn jede Werkstatt anders ist, anders funktioniert, haben sie dennoch ein gemeinsames Ziel. Sie sind vereint in den Unterschieden. Augsburg hat derzeit fünf Mitglieder im Verbund Offener Werkstätten: die Bikekitchen des ADFC-Kreisverbands, den Werkraum, das Open Lab, Transition Town Augsburg und die mobile Kulturwerkstatt Volldabei. Die Bikekitchen ist inzwischen Bestandteil der Augsburger Gesellschaft, der Werkraum wird noch wichtig werden, und die Ideen der Transition Town sind direkte Nachbarn zu den offenen Werkstatt-Gedanken. Die Reparaturinitiativen – der geläufige Name »Repaircafé« ist als Markenname geschützt und sollte nicht mehr verwendet werden – sind etwas später entstanden, aber ergänzen die Idee der offenen Werkstätten wunderbar. Auch hier übernimmt die »Anstiftung« die Aufgabe, die Initiativen zu bündeln und zu vernetzen.

Roswitha:
Wie bist du persönlich zu den Initiativen gekommen?
Günter:
Um abzunehmen bin ich viel Fahrrad gefahren. Beim ADFC wollte ich reinschauen, um mich über das Tourenprogramm zu informieren. Dort war gerade die Gründung der Bikekitchen, einer offenen Selbsthilfe-Fahrradwerkstatt. Und

wenn man neugierig guckt und nicht schnell genug »nein« sagt, dann ist man eben dabei. Das Team der Bikekitchen absolvierte später in der Werkbox3 in München einen Schweißkurs für Lastenräder. Dort wurden sie gefragt, ob sie nicht auch in das Netzwerk der offenen Werkstätten mit aufgenommen werden wollen. Wir wollten – und ich bin dann als der Vertreter der Bikekitchen auf das Verbundstreffen gefahren, auf dem beschlossen wurde, sich einen Rechtsträger zu geben. Eine Arbeitsgruppe mit Mitgliedern aus ganz Deutschland, der ich angehörte, formulierte eine Vereinssatzung und traf sich dann in Augsburg in der Bikekitchen, um den Dachverband formell zu gründen. Und ich war auf einmal der Vorstand.

Roswitha:
Warum engagierst du dich neben dem Verbund noch in der Bikekitchen?
Günter:
Das Arbeiten in offenen Werkstätten macht viel Spaß. Das Problem ist, dass man nebenbei noch Geld verdienen muss. Aber die Arbeit in der Bikekitchen macht mir besondere Freude: jede Woche hier zu sein, einfach zwei bis drei Stunden mit den Gästen zu schrauben, Fahrräder wieder funktionsfähig zu machen.

Die gemeinsame Arbeit fördert nicht nur bei mir das Selbstwertgefühl. Man sieht was wachsen. Ich kenne seitdem viel mehr Leute. Aber es braucht auch ganz viel Chaos-Toleranz.

Roswitha:
Wie beeinflusst ihr das Augsburger Umfeld mit eurer Arbeit?
Günter:
Steter Tropfen höhlt den Stein! Wir versuchen, weitere Bikekitchen in Augsburg zu initiieren.

Roswitha:
Was hat dich durchhalten lassen?
Günter:
War nie 'ne Frage! Es ist Selbstverwirklichung abseits vom Konsum.

Roswitha:
Was wünschst du dir für die Zukunft?
Günter:
Viel mehr offene Werkstätten – oder auch Reparaturinitiativen! Gemeinsam zu arbeiten, etwas zu erschaffen, etwas zu reparieren bildet Gemeinschaft – und die brauchen wir. Eine Gemeinschaft, in der nicht das maximale Konsumvermögen zählt, sondern das gemeinsame Agieren und die gegenseitige Wertschätzung.

Transition Towns hätten alle Elemente, so etwas nicht nur im Werkstattbereich zu realisieren, sondern auch in anderen Belangen der Gesellschaft. Transition Towns haben dazu viele Ideen und Methoden, die eine christliche Basisgemeinde auch hat. Man hilft sich gegenseitig, man arbeitet miteinander, man feiert miteinander. Vielleicht ist es die neue Form für eine lebenswerte urbane Gemeinschaft.

Verbund Offener Werkstätten e.V.
c/o Günter Schütz
Obstmarkt 11 | 86152 Augsburg
www.offene-werkstaetten.org
info@offene-werkstaetten.org

KARTOFFELN & KÜRBIS-SPALTEN
vom Backblech

500 g Kartoffeln
500 g Kürbis (Hokaido oder Butternut)
4 EL Öl
2 Knoblauchzehen durchgepresst
1 ½ TL Salz
1 ½ TL Pfeffer
1 ½ TL Paprikapulver edelsüß

1. Die Kartoffeln und den Kürbis gründlich abwaschen und in gleichmäßige Spalten schneiden.
2. Den Ofen auf 200 °C vorheizen, Umluft 180 °C.
3. In einer großen Schüssel Öl, Knoblauch, Salz, Pfeffer und Paprikapulver verrühren. Die Kartoffelspalten in die Schüssel geben und gut mit der Öl-Gewürz-Mischung vermengen, sodass alle Spalten benetzt sind.
4. Die Spalten gleichmäßig auf einem mit Backpapier ausgelegten Backblech verteilen.
5. Nach Wunsch Schafskäsestückchen, Parmesanflocken, Schinken oder Knoblauch in Scheiben geschnitten darauf verteilen.
6. Wenn vorhanden, noch einen Rosmarin- oder Thymianzweig dazu legen.
7. Für ca. 30–40 Minuten im Ofen backen. Spätestens dann herausholen wenn die Ränder der Spalten dunkel werden.

Am besten mit einem Glas Apfelschorle oder Weißwein direkt vom Blech essen.

WERKRAUM AUGSBURG

Ob Holz, Metall, Goldschmieden, Elektronik, Fotografie oder Textilverarbeitung – der Werkraum Augsburg bietet Räume, Ausstattung und professionelle Hilfestellung zur Umsetzung eigener Projekte. Zudem finden Workshops zu verschiedenen Themen statt.

Roswitha:

Bianka, du kennst die Arbeit in offenen Werkstätten aus München, warst Nutzerin im Haus der Eigenarbeit und hast es ganz schnell geschafft, den Werkraum Augsburg ins Leben zu rufen.

Bianka:

Ja, ich bin mit meiner Familie nach Augsburg gezogen – schwanger mit dem dritten Kind – und habe hier etwas gesucht, das vergleichbar ist. Ich fand nichts außer dem Blog von Günter Schütz über den neu gegründeten Verbund Offener Werkstätten. Ab da arbeitete ich an der Umsetzung. Auf einen entsprechenden Aufruf hin war Sven der erste, der sich meldete. Er hat unsere erste Internetseite aufgesetzt, so kam das Ganze ins Laufen. Am schwierigsten war es, geeignete, bezahlbare Räume zu finden. Erst als wir die Halle im Martinipark gefunden hatten, konnten wir loslegen.

Roswitha:

Das ging aber alles erstaunlich schnell.

Bianka:

Musste es auch – wir zahlen ja Miete! Die Gründung war im November 2014, seit Oktober 2015 haben wir geöffnet. Mittlerweile sind wir ca. 40 Leute im Team. Bis zur Eröffnung musste viel ausgebaut werden: Für Schreinerei, Goldschmiede und Fotolabor haben wir die Wände selbst eingezogen, zuletzt für Textil- und Kinderwerkstatt. Jetzt kann ich keinen Trockenbau mehr sehen.

Roswitha:

Aber es ist fantastisch, was in der kurzen Zeit entstanden ist.

Bianka:

Ja, z.B. haben wir mit den alten Fenstern überall »gläserne Wände« geschaffen. Unsere offene Werkstatt ist dadurch »wirklich« offen und transparent – das war sehr viel Arbeit. Ausstattung, Einrichtung und Organisation haben mindestens noch mal so viel Energie gekostet, tun es immer noch. Aber wenn ich am Anfang Bilder gesehen hätte vom jetzigen Zustand, hätte ich es selbst nicht geglaubt.

Roswitha:

Wenn ich etwas basteln will, aber zu Hause weder Platz noch Werkzeuge noch Kenntnisse habe, kann ich dann einfach zu euch kommen?

Bianka:

Genau! Jeder kann vorbeischauen. Donnerstags und freitags von 15 bis 21 Uhr, samstags von 13 bis 19 Uhr ist immer mindestens ein Schreiner und Metaller da, eine unserer Goldschmiedinnen und jemand im Textilbereich. Platz, Werkzeuge und Maschinen haben wir natürlich. Am entspanntesten arbeitet es sich dann mit einer festen Mitgliedschaft, für weniger Bedarf gibt es Stunden- und Tageskarten.

Roswitha:

Es gab so ein schönes Foto von Birkenstämmen auf dem Lastenfahrrad von »Max und Moritz« ...

Bianka:

Das war lustig: Eine Frau hatte mit der Kettensäge eine Birke gefällt und hierher gebracht, um die Zuschnitte für ihr Hochbett passgenau hinzubekommen. Dass sie dafür ein Lastenfahrrad geliehen hat, ist für mich auch Zeichen unserer guten Vernetzung. »Nutzen statt besitzen« – das gab es schon mal, und es lebt langsam wieder richtig auf.

Jan:

Die »Sharing Economy«! Wir bringen die Leute aus ihrer Komfortzone, schaffen mündige Konsumenten und einen Weg für aktive Beteiligung an ihrer eigenen Zukunft. Das ist uns wichtig – Kant würde sagen: Wir helfen ihnen aus der selbst auferlegten Unmündigkeit.

Bianka:

Es entstehen auch viele Freundschaften, wenn man zusammen an so einem Projekt arbeitet. Warum ich das hier unbedingt machen wollte: In der Erwerbsarbeit ist man oft zeitgetaktet, die Arbeit von Prozessen und Richtlinien bestimmt. Im Werkraum stellt man selber was auf die Beine, kann sein Potenzial ausschöpfen, andere Fähigkeiten zeigen und erfährt eine andere Wertschätzung. Ich habe hier Menschen kennengelernt, die zu mir passen und denen ich absolut vertraue. Das hat mich verändert. Und ich merke auch, dass ich immer mehr inkompatibel zu hierarchischen Strukturen geworden bin. Mit dem Werkraum habe ich etwas in die Welt gebracht, das bleibt. Immer mehr machen mit, wissen auch ohne mich, was zu tun ist. Das beruhigt – ich kann loslassen, falls der Lkw kommt.

Roswitha:
Was meinst du damit?

Jan:
Den »Truck Factor«! (alle lachen): Jemand wird vom Lkw überfahren – wie hoch ist die Wahrscheinlichkeit, dass das Projekt weitergeht?

Roswitha:
Ihr seid auf jeden Fall ein gutes Team. Seid ihr mit dem Erreichten wunschlos glücklich?

Bianka:
(lacht) Auf keinen Fall! Wir wollen noch mehr, z.B. mehr Interaktion mit Unternehmen und dass sich auch andere Gruppen hier treffen und vernetzen. Meine Devise: Überlegt euch was und redet nicht nur darüber, sondern macht, probiert es aus! Und im Idealfall soll der Werk-

raum andere inspirieren, ähnliche Projekte in anderen Städten aufzuziehen.

Jan:
Gesellschaftliche Innovation steht am Ende einer langen Kette. Jeder bringt sein Wissen und Können ein – und wir verteilen das erfolgreich weiter!

Philipp:
Schön ist es, die Menschen glücklich zu sehen, wenn sie etwas für sie vorher Undenkbares erreicht haben.

Werkraum Augsburg
Martini-Park Augsburg
Provinostraße 52 – Halle B3 | 86153 Augsburg
www.werkraum-augsburg.de
kontakt@werkraum-augsburg.de
Türöffner: 233

MANGO-HÜHNCHEN

für 10 Personen

750 g Reis
1 kg Hühnchenfilet
3 Mangos
500 ml Hühnerfond
1 Becher Sahne

1. Reis kochen bis er bissfest ist.

2. Das Hühnchenfilet klein schneiden und in einer großen Pfanne anbraten.

3. Die Mangos schälen, die Hälfte in einer Schüssel pürieren, die andere Hälfte in kleine Stücke schneiden und dazugeben.

4. Anschließend alles mit Hühnerfond und Sahne vermischen.

5. Wenn das Fleisch durchgebraten ist, die Mangosoße unterrühren und noch mal kurz aufkochen.

NACH-
SPEISEN

BIKEKITCHEN AUGSBURG

Das Team der Bikekitchen hilft jedem mit Sachverständnis, dem entsprechenden Werkzeug und Ersatzteilen dabei, mit dem Rad wieder mobil zu sein.

Roswitha:
Wie fing das mit der Bikekitchen in Augsburg an?

Christoph:
Die Grundidee war schon lange vorhanden. Bei mir im Keller wurde längst an Fahrrädern geschraubt. 2010 habe ich die Bikekitchen in München erlebt, und ich war mir sofort sicher: Wenn ich zurückgehe, will ich das auch in Augsburg haben. Mit einem Freund zusammen fanden wir die Räume beim ADFC. Wir sind ein Teil vom ADFC, ich bin auch im Vorstand. Jeder, der hilft, muss ADFC-Mitglied sein, u. a. aus Haftungsgründen. Das Weitere können dir die anderen erzählen.

Roswitha:
Wie viele seid ihr und was macht ihr?

Max:
Wir sind vier bis zwölf Helfer. Die Grundidee der Bikekitchen gibt es schon sehr lange – seit den 80ern/90ern. Das Synonym Bikekitchen wird weltweit verwendet. Ich habe eine in San Francisco besucht (Zwischenruf von hinten: Und ich eine in Santa Fe!). Überall wird ein bisschen anders gearbeitet. Das Besondere bei uns ist, dass wirklich nur auf Spendenbasis gearbeitet wird. Das ist sehr, sehr selten, bedeutet für uns aber absolute Freiheit.

Malte:
Jeder kann herkommen und sein Fahrrad reparieren und wir helfen dabei. Früher war auch noch öfter Zeit, sich zum Essen zusammenzusetzen, aber wir haben jetzt Auflagen zu erfüllen – z.B. müssen wir draußen vor der Bike-

kitchen bis 20:30 Uhr aufgeräumt haben –, die es zeitlich schwierig machen, denn es gibt immer viel zu tun.

Roswitha:
Wie seid ihr strukturiert?
Max:
Eigentlich arbeiten wir im Plenum und konsens-orientiert, aber meistens vertrauen wir darauf, dass Entscheidungen richtig sind. Wichtig ist uns: Wir sind unpolitisch und wir geben höchstens zu Fahrradthemen Statements ab.

Roswitha:
Warum braucht es die Bikekitchen?
Malte:
Weil so gut wie jeder ein Fahrrad hat – und jeder mobil sein möchte.
Max:
Wir bieten Hilfe zur Selbsthilfe, also Selbster-mächtigung. Es kommt derjenige, der sich eine Reparatur im Fachgeschäft nicht leisten kann, und derjenige, der interessiert ist an der Technik. Es kommen zunehmend Menschen mit

Fluchterfahrung. Kommunikationsschwierig-keiten lassen sich aber immer überwinden, im Notfall mit Händen und Füßen.

Roswitha:
Warum passt euer Konzept gut in die heutige Zeit?
Max:
Um zu entschleunigen! Es fördert die Eigener-mächtigung. Jeder kann hier arbeiten, weil hier alles erklärt wird. Es ist ein »Lernort«. Jeder kann ein Teil davon werden, wir sind offen für alle.

Roswitha:
Welche Bedeutung hat euer Projekt für Augs-burg?
Max:
Wir können damit mehr Fahrradkultur in die Stadt bringen.

Roswitha:
Was motiviert euch, Zeit zu investieren?
Max:
Wissen vermitteln, Mobilität fördern. Und Leute kennenlernen.
Malte:
Spass am Helfen.

Fee:

Ein Lächeln ins Gesicht zaubern!

Roswitha:

Bei welchen anderen Projekten seid ihr dabei?

Malte:

Wir fahren natürlich bei Critical Mass mit, wir haben auch schon öfter Fahrräder im »Wohnzimmer« im Schwabencenter repariert.

Roswitha:

Ich habe sonst immer gefragt, ob die Initiativen die Schicksale von Betroffenen langfristig verfolgen. Verfolgt ihr die Schicksale der Fahrräder langfristig?

Max:

Oft erkenne ich in der Stadt Personen nicht gleich wieder, aber das Fahrrad: »Hey, das war doch bei uns in der Bikekitchen!«

Roswitha:

Was wünscht ihr euch?

Max:

Mehr Platz. Mehr Hände. Oft fehlt einfach »Manpower«.

Roswitha:

Was hat euch das Projekt persönlich gebracht?

Max:

Viele Freunde, mehr Wissen über Technik beim Fahrrad.

Malte:

Man probiert Ungewöhnliches aus, z.B. das Tallbike!

Fee:

Ich bin seit vier Jahren dabei. Ich mochte früher Fahrräder gar nicht, hier habe ich meine Liebe zum Fahrrad entdeckt. Hier kann man Leuten schnell viel Freude bereiten, sehen, dass man etwas bewegen kann.

Roswitha:

Was hat euch in der letzten Zeit am meisten Freude bereitet?

Max und Malte:

Das Modularfestival! Wir waren mit einem »Mixerrad« für Smoothies dabei und mit einem Handyladerad. Es waren drei schöne Festivaltage.

Bikekitchen Augsburg
Hl.-Kreuz-Str. 30 | 86152 Augsburg
www.bikekitchen-augsburg.de
bikekitchen_augsburg@gmx.de
geöffnet:
Di. & Do.: 18 – 20 Uhr
Jeden 1. Freitag im Monat: 16 – 20 Uhr

SCHOKOMOUSSE

ca. 4–5 kleine Schalen

125 g Kuvertüre
1 Ei
1 Blatt Gelatine
1 cl Rum
300 g Sahne

1. Kuvertüre klein schneiden und im Wasserbad auflösen.
2. Ei mit einer Prise Zucker in einer Schüssel im Wasserbad verrühren. Das Ei darf auf keinen Fall stocken. Immer wieder vom Wasserbad nehmen (warm und kalt rühren).
3. Die im kalten Wasser aufgelöste Gelatine (nur bei weißer Schokolade dringend nötig) gut ausdrücken und in die warme Eiermasse geben. Wieder warm und kalt rühren, bis die Gelatine komplett aufgelöst ist.
4. Den Rum und die geschmolzene Kuvertüre zusammenrühren.
5. Rum-Kuvertüre und Eiermasse sollen etwa dieselbe Temperatur beim Vermischen haben, damit die Eiermasse nicht stockt. Diese Masse solange rühren, bis sie kalt ist.
6. Jetzt die geschlagene Sahne unterheben.
7. Abfüllen und mindestens 2 Stunden kühl stellen.

Wer es intensiver mag: Bei Zartbitter kommt etwas Wasabi ziemlich gut – muss ja nicht immer Chilli sein.

CAFÉ TÜR AN TÜR

Der Verein »Tür an Tür« unterstützt seit 1992 Zuwanderer und Flüchtlinge in Augsburg. Er setzt sich für deren Rechte und Chancen ein. Das Café »Tür an Tür« ist ein offener kultureller und sozialer Treffpunkt – nicht nur für Geflüchtete.

Roswitha:

Mark und Anita, ihr arbeitet beide hier. Das Café ist in mehrfacher Hinsicht etwas Besonderes.

Mark:

Ein Café kann man überall eröffnen, aber wer hat schon so einen Platz der Begegnung in einem so schönen alten Straßenbahndepot! Es hat ganz besonderen Charme. Die Sitzbänke rund herum sind alten Wartebänken aus dem 19. Jahrhundert nachempfunden.

Anita:

Hier gibt es nicht nur Getränke und Essen. Wir bieten alles Mögliche an, um Flüchtlinge und Einheimische zusammenzubringen. Etwa das Deutschcafé, nicht zu verwechseln mit dem Lerncafé. Das ist Hausaufgabenhilfe, aber es treffen sich auch andere zum Üben und für

Gespräche. Seit Längerem gibt es den Handarbeitstreff »AllerHand«, wo zweimal wöchentlich gestrickt, genäht und gebastelt wird.

Mark:

Am letzten Sonntag im Monat ist asylpolitischer Frühschoppen mit verschiedenen Referenten zu einem bestimmten Thema. Samstag ist Fußballübertragung, das kommt sehr gut an. Es gibt auch noch die internationale Kochgruppe, die sich alle sechs Wochen hier trifft. Einer schlägt ein Gericht vor, alle kochen und essen zusammen. Es ist Begegnung auf Augenhöhe, ideal zum Kennenlernen.

Anita:

Wir stellen immer wieder fest, wie sehr hier Kulturen aufeinanderprallen. Die Flüchtlinge sind eher zurückhaltend, allein schon weil es für sie ungewohnt ist, dass Männer und Frauen zu-

sammen in einem Café sitzen. Aber nach einer Weile kommen alle gerne.

Roswitha:

Tür an Tür ist seit vielen Jahren erster Ansprechpartner für alle Geflüchteten, die nach Augsburg kommen. Wie ist das Café entstanden?

Mark:

Die Flüchtlinge standen bei Schnee und Regen auf der Straße, um auf ihren Beratungstermin zu warten. Damit erst einmal ein Wartesaal da war, wurde das alte Straßenbahndepot angemietet. Um die anfängliche Wartehallen-Atmosphäre zu durchbrechen, kam die Idee mit dem Café auf. Viele helfende Hände und viele Spender machten es möglich, dass im Dezember 2015 das Café in der jetzigen ansprechenden Form eröffnet werden konnte. Seitdem können die Geflüchteten im Warmen und bei einer Tasse Kaffee oder Tee warten, bis ihre Nummer auf der Wartetafel erscheint. Sie fragen aber auch mal die anwesenden Helfer nach Hilfe beim Formularausfüllen oder bei anderen Problemen.

Roswitha:

Bei euch gibt es Getränke, selbst gemachten Kuchen und jeden Tag ein anderes Mittagessen.

Mark:

Wir sind 25 bis 30 hauptsächlich Ehrenamtliche, die sich in eine Liste eintragen und den Thekendienst bewältigen. Auch Flüchtlinge beteiligen sich immer mehr daran. Was gekocht wird, entscheidet der, der kocht. Die Zutaten müssen möglichst regional, bio und fair gehandelt sein. Überwiegend ist es vegetarisch oder vegan, aber das ist nicht zwingend. Alle Speisen und Getränke werden auf Spendenbasis abgegeben. Nur in seltenen Fällen wird das ausgenutzt. Und auch dann schaffen wir es, dass sich das Café rechnet.

Roswitha:

Wie seid ihr beide zu dem Projekt gekommen?

Mark:

Ich hatte einen handwerklichen Beruf und habe dann Bundesfreiwilligendienst gemacht. Dadurch kam ich auf die ehrenamtliche Schiene. Nach längerem freiwilligen Einsatz hier kann ich jetzt als Festangestellter die Organisation des Cafés managen.

Anita:

Ich hatte meinen vorherigen Job gekündigt, weil ich keine Lust mehr auf die Oberflächlichkeit der normalen Berufswelt hatte. Ich war auf Sinnsuche, wollte etwas bewegen. Während die große

Flüchtlingswelle anrollte, war ich gerade arbeitslos. Bei »Übergepäck eines Flüchtlings« half ich, Erstaufnahmestellen mit Kleidung und anderem zu versorgen. Dabei fehlte mir aber der direkte und nähere Kontakt zu Geflüchteten. Den fand ich dann hier bei »Tür an Tür«. Die Lebensgeschichten, die ich da hörte, und die Vorstellung, mit meinem Kind auf dem Arm hunderte und tausende von Kilometern in eine ungewisse Zukunft laufen zu müssen, hat mir viele schlaflose Nächte beschert. Das Leid der anderen holt einen runter auf den Boden. Die Folge davon ist einfach nur Dankbarkeit für das, was wir haben und als so selbstverständlich ansehen.

Roswitha:
Welche Wünsche ergeben sich für euch daraus?
Anita:
Toleranz! Ich würde mir wünschen, dass die Menschen nicht so voreingenommen sind. Man sollte nicht gleich alle über einen Kamm scheren. Hier bei »Tür an Tür« begegnet man sich auf einer Ebene. Herkunft, Alter und das Äußere spielen keine Rolle.
Mark:
Die Arbeit im Café hat mir viel Lebenserfahrung gebracht. Und ich habe das Gefühl, dass wir im Kleinen etwas bewegen können. Deshalb wünsche ich mir, dass das Projekt so weitergehen kann!

Roswitha:
Mark, du hattest da auch noch ein besonderes Erlebnis.
Mark:
Ja, im Café lief afrikanische Musik im Hintergrund, als mir eine Frau auffiel, die weinend dastand. Ich sprach sie an und sie erzählte, dass sie aus Nigeria stammt und es Nationalmusik aus ihrer Heimat ist, die sie gerade so berührt. Das hat auch mich stark berührt.

Café Tür an Tür
Wertachstraße 29 | 86153 Augsburg
www.tuerantuer.de/cafe
cafe@tuerantuer.de

QUARKAUFLAUF
mit
KIRSCHEN

4 Eier
100 g Zucker
80 g Butter
500 g Quark
50 g Grieß
50 g Mandeln
1 Glas Kirschen
Fett für die Form

1. Auflaufform einfetten.
2. Die Eier trennen.
3. Eiweiß schlagen, 50 g Zucker hinzugeben und beiseite stellen.
4. Die Butter und 50 g Zucker schaumig schlagen. Das Eigelb nacheinander dazugeben, zwischendurch immer wieder verrühren. Den Quark und den Grieß hinzugeben.
5. Mit dem Schneebesen die Mandeln, die Kirschen und den Eischnee unterheben.
6. Bei 200 °C Ober-/Unterhitze für 60 Minuten backen.

FORUM
FLIESSENDES GELD

Der gemeinnützige Verein »Oeconomia Augustana« ist der Träger für das »Forum Fließendes Geld«, dessen Ziel es ist, den Begriff der Nachhaltigkeit auf das Finanz- und Geldwesen zu übertragen und eine Verbesserung für alle zu erreichen. Geld soll wieder viel mehr den Menschen dienen und ihnen ein gelingendes Leben ermöglichen.

Roswitha:

Unter dem Namen »Forum Fließendes Geld« können sich viele nichts vorstellen. Rupert, kannst du uns das näher erklären?

Rupert:

Als Forum wurde in der römischen Antike der Platz der Volksversammlung bezeichnet. Da konnten alle zusammenkommen, jeder ist willkommen, keiner wird ausgegrenzt. Und fließendes Geld: Alles in der Natur hat ein Verfallsdatum, nur Geld ist dabei außen vor und wird deshalb gehortet. Es verschafft Macht, wenn jemand viel davon hat. Unser System führt dazu, dass Reiche bedingungslos immer reicher werden. Deshalb wird der Unterschied zwischen Arm und Reich immer größer und die Spannungen immer greifbarer.

Ein großer Teil der Menschheit hat einfach keine Chance, egal wie fleißig jemand ist. Benedikt und ich kommen beide aus der Finanzwelt und haben erlebt, was Geld mit den Menschen macht. Wir Menschen haben uns auf einen Pfad begeben, wo Rendite alles ist. Wir schauen nur noch, ob der Preis passt und wie wir ein Produkt am billigsten einkaufen. Es ist uns egal, wie es den Menschen, Tieren und unserer Erde dabei geht. Viele Fehlentwicklungen, die wir heute in der Welt sehen, können in einer Kette bis zum Ende auf diese Ursache zurückverfolgt werden. Die Menschheit wird nicht weiter existieren können, wenn wir in der bisherigen Art und Weise weitermachen. Die Welt kann doch auch anders sein. Wenn wir diesen Anspruch als Gesellschaft friedlich transformieren, könnten wir ein Paradies für alle schaffen.

Wir Menschen haben uns ein System geschaffen, das uns heute mehrheitlich schadet und uns unserer Lebensgrundlagen beraubt. Dieses System ist jedoch nicht gottgegeben, was viele vermuten. Wir Menschen haben es geschaffen und es liegt an uns, dieses System positiv weiterzuentwickeln. Wer, außer uns selbst, hindert uns, die Schwachstellen ins Positive zu transformieren? Wir brauchen Rahmenbedingungen, die das Geldsystem reformieren. Das Geld muss künftig wieder den Menschen dienen. Zins war und ist in vielen Kulturen verboten. Man könnte Geld mit einem Umlaufimpuls versehen. Geld mit Verfallsdatum und einer Art Abnützungsgebühr, z.B. würde für einen deutlich schnelleren Umlauf sorgen. Dafür wollen wir Bewusstsein entwickeln, Fragen diskutieren und andere Perspektiven aufzeigen. Deshalb gibt es unser Forum.

Roswitha:
Benedikt, wie bist du dazu gekommen?
Benedikt:
2006 habe ich gemerkt, etwas klappt am Bankensystem nicht mehr: Geld hat negative Auswirkungen. Aber es gab kaum jemanden in meinem Umfeld, der so dachte wie ich, die Dinge so hinterfragte. 2012 bin ich auf den Stammtisch »Fließendes Geld« aufmerksam geworden und zügig mit Rupert in Verbindung gekommen und damit auch mit »attac«, der »Kelleruni«, dem »Lechtaler« und anderen. Ich erfuhr es als wertvoll und positiv, dass sich Menschen vernetzen. Aber mir war auch klar, dass es kein 100-Meter-Sprint, sondern ein Marathon werden würde, etwas zu verändern. Am Anfang waren wir ein kleiner Kreis von 15 – 20 Personen bei den monatlichen Treffen. Mittlerweile sind es über 300 Personen, die unseren Newsletter bekommen. Ich hatte vorher geglaubt, ich bin allein und ohnmächtig. Nun spüre ich die Kraft der Menschen, die sich zusammenschließen. Unabhängig davon ist mir wichtig, dass ich später sagen kann, ich habe etwas getan.

Roswitha:
Ihr seid aber nicht nur in euren monatlichen Treffen aktiv! Ich war zusammen mit Benedikt und einigen anderen in Langenegg, um uns über Alternativwährungen zu informieren.
Benedikt:
Dort funktioniert es mit Kooperation. Auch andere Komplementärwährungen funktionieren bereits. Jeder für sich entwickelt nicht die

Energie, etwas zu verändern. Wenn aber alle an einem Strang ziehen, können Kräfte vereint werden. Durch Kooperation erreichen wir unser gemeinsames Ziel, die Welt zu verbessern.

Rupert:

Wir sind auch in der lokalen Agenda 21 in Augsburg vertreten, da sich vorher dort keine Gruppe mit dem Geldaspekt beschäftigt hatte. Etwas Besonderes war für mich der Filmabend 2015 im Zeughaus, wo wir zusammen mit vielen anderen Augsburger Gruppen den Film »Wer rettet wen?« ca. 250 Interessierten zeigen konnten. Anschließend fand eine Podiumsdiskussion statt. So viele Leute, die genauso denken wie wir, gemeinsam zu mobilisieren, das sollte noch öfter passieren. Dann lässt sich auch die Masse bewegen. Es besteht die These, wenn sich 5 – 10 Prozent der Gesellschaft auf den Weg einer positiven Veränderung machen, dass dies ausreichend wäre, eine Gesellschaft positiv weiterzuentwickeln. Wenn wir dagegen nichts tun, können die Folgen Währungsreform und Hyperinflation sein oder man gefährdet sogar den Frieden.

Roswitha:

Ihr investiert doch sehr viel Zeit in euer Forum. Was hat es euch persönlich gebracht?

Rupert:

Wir haben wunderbare Menschen kennengelernt, die etwas bewegen, etwas verändern wollen in einer Anzahl, die ich nicht für möglich gehalten hätte. Ich setze meine Freizeit gerne dafür ein, um etwas so Sinnvolles zu tun. Ich schöpfe Kraft und Energie daraus, das Richtige zu tun.

Benedikt:

Ich konnte tolle Menschen kennenlernen und mich persönlich weiterentwickeln. Es gibt Gegenwind und trotzdem können wir einfach machen und gestalten. Jeden Monat Fortschritte sehen, mit Machern und Visionären zusammen sein, das macht Spaß.

Rupert:

Wir können sehen, was eine Gruppe wert ist, vor allem, wenn es einem nicht so gut geht. Zu zweit ist es schon leichter, als Gruppe noch viel besser! Wir sind soziale Wesen, wir brauchen den anderen!

Forum Fließendes Geld
Oeconomia Augustana e.V.
Bäckergasse 17 | 86150 Augsburg
www.oeconomia-augustana.org
benedikt.michale@online.de
rupert.bader@oeconomia-augustana.org

OBSTKUCHEN
Variante mit Äpfeln

8 säuerliche Äpfel
oder beliebiges anderes Obst
etwas Zitronensaft
5 Eier
150 g Zucker
3 – 4 EL Honig
160 g Butter
200 ml Milch
etwas Zimt
75 g gehobelte Mandeln (nach Belieben)
400 g Weizen
4 TL Backpulver, gestrichen

In rechteckige Stücke geschnitten und mit Honig und gesüßter Schlagsahne verziert, schmeckt er besonders gut. Für eine Springform braucht man nur die halbe Menge!

1. Die Äpfel in kleine Scheiben schneiden, mit Zitronensaft vermengen.
2. Die Eier mit Zucker und Honig schaumig schlagen.
3. Die Butter in der Milch zergehen lassen und unter die Eier-Zucker-Masse rühren.
4. Die Weizenkörner fein mahlen, mit dem Backpulver vermischen und unter die Masse heben.
5. Den Backofen auf 180 °C vorheizen.
6. Den dünnflüssigen Teig in die geölte und bemehlte Bratraine (Fettpfanne) füllen. Apfelschnipsel mit Zimt vermischen und darüber streuen, nach Belieben auch gehobelte Mandeln dazugeben.
7. Bei Ober-/Unterhitze etwa 20 Minuten backen (mit Holzstäbchen prüfen). Bei Umluft 30 Minuten backen.

GLOBAL BUSINESS MANAGEMENT

e.V.

Der Verein bildet die Schnittstelle zwischen den Studierenden und Professoren der Universität Augsburg. So besteht die Möglichkeit, den Studiengang aktiv mitzugestalten und zu seiner Verbesserung und Weiterentwicklung beizutragen.

Roswitha:

Anna, Christopher, wir kennen euren Verein seit mehreren Jahren, weil eine Gruppe von euch uns an eurem alljährlichen »Social Day« immer beim Aufbau unseres Weihnachtsmarktes so tatkräftig unterstützt.

Anna:

Genau, ich selbst war auch schon bei euch im Einsatz. Das hat Spaß gemacht.

Roswitha:

Wie kommt es, dass ein Studiengang einen Verein hat? Das ist doch eher ungewöhnlich?

Christopher:

Den Studiengang gibt es erst seit ein paar Jahren in Augsburg. Mit Einführung des Studiengangs wurde dann der Verein gegründet. Er soll vermitteln, bündeln und strukturieren, und das kommt bei den Studierenden sehr gut an. Wir sind für den Studiengang zuständig wie eine Fachschaft.

Roswitha:

Ihr bietet viel an für die Studierenden.

Anna:

Wir stellen den Kontakt unter den Studierenden, aber auch mit den Lehrstühlen her und stehen im regen Austausch mit den Alumni. Wir veranstalten regelmäßig »Get-togethers«, Erstihütte, Sommerfest, Weihnachtsfeier und eben auch den »Social Day«.

Christopher:

Außerdem betreuen wir künftige Studenten bei den Auswahlgesprächen und unterstützen das Buddysystem, was bedeutet, dass jeder Ersti einen Begleiter aus einem höheren Semester an die Seite bekommt.

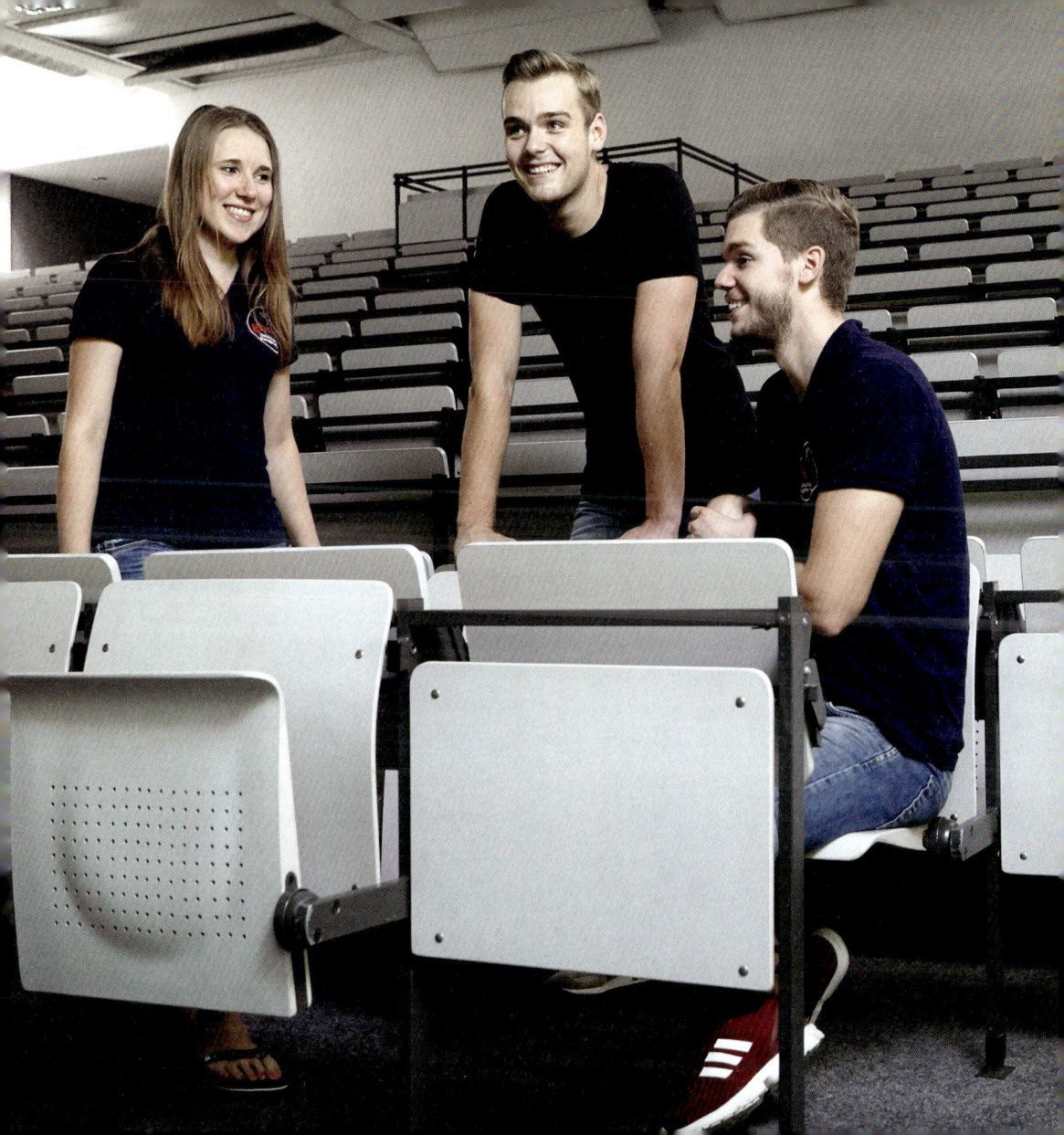

Roswitha:

Das klingt nach viel Arbeit für euch?

Christopher:

Es ist mehr Arbeit, als man denkt. Vieles läuft im Hintergrund wie z.B. die jährliche Umfrage mit anschließender Feedback-Veranstaltung, wo die Studierenden direkt mit den verantwortlichen Lehrstühlen mögliche Verbesserungsvorschläge erarbeiten und in die Wege leiten können. Die Veranstaltung dauert zwei Stunden, die Vorbereitung dafür leicht mal 20 Stunden.

Anna:

Wenn alle mithelfen, geht es gut, dann ist die Arbeit gut verteilt.

Christopher:

Ungewöhnlich bei unserem Verein ist die Anzahl von zehn Vorständen. Es ist aber ein Vorteil, denn wenn Schwierigkeiten auftauchen, können wir uns helfen. Einer weiß immer, wie es geht.

Anna:

Richtig, wir sind ein Team. Jemand fängt einen auf, wenn es Schwierigkeiten gibt.

Roswitha:

Ihr seid der vorherige Vorstand?

Christopher:

Richtig, der neue ist schon im Amt. Unser Vorstand wechselt jährlich. Das ist gut so. Das Vorstandsjahr bringt Selbstentwicklung, man lernt vieles, was man sonst nicht mitbekommt, übt Konfliktlösungen, es verschafft Weitblick, gibt Motivation. Der Wechsel ist eine Chance für neue Impulse. Wir hoffen, dass es noch lange so weiterläuft. Ich wünsche mir sogar eine kontinuierliche Verbesserung. Deshalb habe ich dem neuen Vorstand folgenden Rat mit auf den Weg gegeben: »Setzt um, was ihr umsetzen wollt!«

Anna:

Um hier zu arbeiten, braucht es Teamfähigkeit, Belastbarkeit, Eigeninitiative und Eigenmotivation. Wir lernen durch die Vorstandsarbeit noch mehr soziales Engagement, und das wird auch immer wichtiger im Studium.

Roswitha:

Ihr seht also viel Positives in eurer Vereinsarbeit?

Anna:

Ja, unser kleiner Verein kann wirklich sehr viel bewirken. Das ist viel wert in der heutigen Zeit an der Uni. Sonst hat man nämlich wenig Möglichkeiten zum Kontakt mit den Professoren. Schön ist auch der direkte Dialog mit der Studiengangsleitung, die sich wirklich Zeit für den Austausch nimmt.

Christopher:

Und wir werden gehört!

Roswitha:

Ihr macht nicht nur für die Uni, für die Studenten und eure 314 Mitglieder viel, auch für Flüchtlinge habt ihr einiges auf die Beine gestellt.

Anna:

Unser Studium beinhaltet Projektarbeiten, sogenannte »Projects«. Viele wollten Flüchtlingen helfen.

Christopher:

Daraus entstand in Zusammenarbeit mit anderen GBM-Studierenden »Building Bridges«, ein Netzwerk in Kooperation mit dem Freiwilligenzentrum, um die Vielzahl an Projekten zu koordinieren, Ideen zu sammeln und diese weiterzugeben. Mit einem Kommilitonen engagiere ich mich in einem Fußballprojekt. Wir treffen uns einmal pro Woche mit über 20 Jugendlichen zum Fußballtraining. Vorher kannte ich das Ausmaß der Flüchtlingskrise nur aus den Nachrichten. Wenn man dann jedoch die Motivation und die Dankbarkeit der Jungs spürt, bekommt man einen komplett anderen Zugang zu der Thematik.

Anna:

Der Dachverband der Flüchtlingsarbeit an der Uni ist »Campus Asyl«, eine Kooperation von vielen Initiativen wie z.B. dem AStA, »Building Bridges« und vielen anderen.

Roswitha:

Rückblickend auf euer Vorstandsjahr: Was hat euch besonders viel Freude gemacht?

Anna:

Die Erstihütte! Und dass sich die Studiengangsleitung Zeit für uns nimmt.

Christopher:

Man kann etwas zurückgeben. Und das gute Feedback der Studenten: »Eure Arbeit ist super!«

Global Business Management e.V.
Universitätsstraße 16 | 86159 Augsburg
www.gbm-verein.com
kontakt@gbm-verein.com

BEERENTIRAMISU

für 4–6 Personen

1 Schokobiskuitboden

Johannisbeersaft

Cassislikör

750 g Magerquark

250 g Mascarpone

120 g Puderzucker

2 EL Zitronensaft

1 Vanilleschote, davon das Mark

250 g Beeren

(z.B. Himbeeren, frisch oder tiefgekühlt)

1–2 EL Kakao

1. Von dem Schokobiskuitboden eine Platte schneiden und in eine Auflaufform derselben Größe legen.

2. Mit Johannisbeersaft und Cassislikör tränken.

3. Magerquark, Mascarpone, Puderzucker, Zitronensaft und Vanillemark mischen und mit einem Handrührgerät glatt rühren.

4. Eine dünne Schicht Creme auf den Schokobiskuitboden streichen, die Beeren darauf verteilen und den Rest der Creme über den Beeren verteilen.

5. Vor dem Servieren mit Kakao bestäuben.

RUMÄNIENHILFE
e.V.

*Rumänien – seit 2007 Mitglied der EU – befindet sich immer
noch im Spannungsfeld zwischen wirtschaftlichem Aufschwung
und bitterer Armut. Deshalb versucht Mariana mit ihrem Verein
immer dort zu helfen, wo es am dringendsten nötig ist.*

Roswitha:

*Mariana, wir arbeiten schon ganz viele Jahre
zusammen. Ich weiß sehr viel von deiner Arbeit. Aber wenn du erzählst, kommt jedes Mal
mehr zutage, was du alles machst und wo du
überall hilfst.*

Mariana:

Es macht mir Freude, anderen zu helfen.
Immer wieder stellt Gott mir jemand in den
Weg, der dringend Hilfe braucht. Indem ich
helfe, helfe ich mir selbst. Früher war ich so
krank und jetzt bin ich gesund. Dafür bin ich
dankbar. Für mich selbst brauche ich nicht viel,

ich bin zufrieden mit dem, was ich habe. Ein Pfarrer sagte einmal zu mir: »Zähl nicht, was du hast, zähl, was du geschafft hast für andere.« Ich kann nicht vorbeigehen, wenn jemand leidet. Leute vom Rand der Gesellschaft, Rumänen, Bulgaren und andere sind in Augsburg gelandet. Sie kommen mit falschen Erwartungen. Sie warten hier, versuchen auf die Beine zu kommen. Aber ohne Hilfe schaffen sie das selten. Oft müssen sie zurück in ihr Land, weil es keine Möglichkeit gibt, hier zu leben. Aber dann brauchen sie wenigstens etwas zu essen und das Ticket für die Rückfahrt. Oft ist unsere Kasse aber auch leer. Doch dann kommt wieder Hilfe von anderen Seiten.

Roswitha:
Wie bist du selbst nach Augsburg gekommen?
Mariana:
Nachdem ich in meiner Heimat schon einige soziale Projekte auf den Weg bringen konnte, hatte ich die Hoffnung, von hier aus noch mehr für Notleidende in Rumänien, aber auch in Deutschland tun zu können. Es folgten aber sehr schwere Zeiten, vor allem für mich privat. Trotzdem war es mir möglich, viele Einzelfallhilfen möglich zu machen. In 2010 wurde dann der Verein Rumänienhilfe e.V. gegründet, dessen

Vorsitzende ich seitdem bin. In Ogra, einem Nachbarort, konnte eine Brücke gebaut werden. Wir konnten helfen, dass in Viziru ein Krankenhaus aufgebaut werden konnte, das inzwischen sogar zu einem großen sozialen Zentrum erweitert wurde. Wir haben Schulen, Krankenhäuser und andere Einrichtungen in ganz Rumänien unterstützt.

Roswitha:
Aber etwas Besonderes ist die Sache mit der Schule in Vaidiu.
Mariana:
Schon 1999 konnte ich mich dafür einsetzen, dass in meinem Heimatort Vaidiu aus Spendengeldern eine Kirche gebaut werden konnte. Als dann in ganz Rumänien viele staatliche Schulen schließen mussten, weil sie die EU-Bestimmungen nicht einhalten konnten, errichteten meine Schwester und ich 2010 in dieser Kirche eine private Schule. Die nächste Schule wäre 10 Kilometer entfernt gewesen und die Kinder hätten nicht gewusst, wie sie täglich dort hinkommen sollten. Nur in den Räumen der Kirche gab es fließendes Wasser und Toiletten, als einziges Haus im Ort. Die Kita wurde in der Garage eingerichtet. Nach der vierten Klasse hatten die Kinder wieder das Problem der weiten

Entfernung zur nächsten Schule. Also kauften wir große Schulcontainer für vier weitere Klassen und einen Sportraum. Mit zwei Bussen werden Kinder aus fünf umliegenden Dörfern zusammengeholt. Elf Lehrer arbeiten inzwischen dort sehr engagiert, die meisten für Gottes Lohn, weil das Geld nicht reicht, um alle zu bezahlen. Wir hoffen, dass die Gemeinde zukünftig einen Teil der Kosten übernehmen wird, denn die Ergebnisse der Schule können sich sehen lassen. Mir ist es wichtig, dass wir dazu beitragen können, dass für die Kinder ein besseres Leben möglich sein wird. Ich möchte Chancen weitergeben, die ich selbst glücklicherweise hatte. Meinem Vater zahlte eine reiche Familie den Führerschein und so hatte er Arbeit, mit der er mir die Schulbildung ermöglichen konnte.

Roswitha:
Du schreibst immer noch Gedichte, hast schon Auszeichnungen dafür bekommen. Aber du hast in deinem Leben auch schon viel gearbeitet, wo du richtig anpacken musstest. Eine große Leidenschaft von dir ist backen, auch Brot, nicht nur Süßes.
Mariana:
Das wäre immer noch ein Traum von mir, das den ganzen Tag machen zu können. Jetzt backe ich oft nachts, anders ist keine Zeit dazu. Ich sehe einfach zu viele andere Notwendigkeiten, nicht nur Gebrauchtwaren aufzufangen und dorthin zu leiten, wo sie dringend benötigt werden. Es gäbe so zahlreiche andere Möglichkeiten, Sachen zu vermarkten und mit dem Geld zu helfen. Aus der Wolle der Schafe können Decken gewebt und verkauft werden, die Natur bietet so viel an Beeren, Nüssen, Gemüse, Honig. Das Potenzial ist da, aber es muss immer jemand vor Ort sein, der mit Liebe anleitet. Und das ist das Problem ...

Rumänienhilfe e.V.
Wankstr. 9 b | 86165 Augsburg
www.rumaenien-hilfe-ev.de
info@rumaenienhilfe-ev.de

HÖRNCHEN
mit Nuss- oder Marmeladenfüllung

Füllung

200 g Nüsse, gemahlen

80 g Zucker

20 g Honig

125 ml Milch

Milch mit Zucker und Honig kurz aufkochen, und mit den gemahlenen Nüssen verrühren und abkühlen lassen.

Teig

1 Tasse Margarine

1 kg Mehl

2 Würfel Hefe

1 Ei

2 Pck. Vanille gemahlen

1 Prise Salz

2-3 Becher Sahne

50 ml Milch

1. Hefe in Milch einrühren und eine Prise Zucker dazugeben.

2. Margarine mit Mehl vermischen.

3. Dann die anderen Zutaten hinzufügen und zu einem weichen Teig kneten, der sich gut ausrollen lässt.

4. Den Backofen auf 180 °C vorheizen.

5. Den ausgerollten Teig in Dreiecke schneiden. Mit jeweils 1 EL Marmelade oder Nussmasse füllen und aufrollen, sodass ein Hörnchen entsteht. Dann 10 Minuten stehen lassen.

6. Das Blech für 20 Minuten in den Backofen geben. Wenn die Röllchen goldbraun sind, die Röllchen aus dem Ofen nehmen und nach 3-4 Minuten mit Puderzucker bestreuen.

Seit 1995 wird auch in Augsburg eine Zeitung auf der Straße verkauft: Erst die Münchener »BISS« mit einer Regionalbeilage für Augsburg, dann als eigene Zeitung unter dem Dach von »Tür an Tür«.

Roswitha:

Sylvia, du bist eines der Gründungsmitglieder von RISS.

Sylvia:

Ja, ich bin seit der Gründung 1995 dabei und war danach auch immer wieder im Vorstand von »Tür an Tür« – was einem passiert, wenn man nicht schnell genug nein sagt.

Roswitha:

Warum ist eine Straßenzeitung auch für Augsburg wichtig?

Sylvia:

Sie ist wichtig aus verschiedenen Gründen: Sie bietet Informationen über soziale Themen – z.B. Beiträge über Obdachlose, Alleinerziehende, Behinderte, Asylbewerber. Mit der Zeitung können Menschen in sozialen Schieflagen etwas anbieten. Sie müssen dann nicht betteln – mit Plastikbecher und Pappschild. Es ist auch so, dass die Zeitung wahrgenommen wird im Stadtbild.

Roswitha:

Wie kamst du zur RISS-Zeitung?

Sylvia:

Ich hatte als Journalistin eine Art eigenes Projekt mit obdachlosen Jugendlichen, die ein Haus an der Vogelmauer besetzt hatten. Als sie das räumen sollten, wollten sie, dass darüber berichtet wird. So kam ich in Kontakt mit dem Thema. Knut von der Wärmestube für Obdachlose fragte mich daraufhin, ob ich Lust auf die Gründung und Mitarbeit bei einer Straßenzeitung hätte. Beim ersten Treffen war die Wärmestube brechend voll. Mir fiel besonders Maria auf, eine Alkoholikerin, die mit ihrer schwierigen Art der Haken war, an dem ich hängengeblieben bin.

Roswitha:
Ich war dabei, aber wie sehen die Anfänge aus deiner Sicht aus?
Sylvia:
Die Erwartungen waren sehr hoch von allen Seiten. Aber, oh Wunder: Nach Erscheinen des ersten Heftes hat sich die Welt trotzdem weitergedreht!

Roswitha:
Ist das immer noch so organisiert wie am Anfang?
Sylvia:
Ja, ich bin eine Art »Projektleiterin«, Annette Zoepf macht die Fotos, es gibt eine Gruppe, die ein Redaktionstreffen pro Heft hat, und jeder kann mitmachen, der etwas schreiben möchte.

Roswitha:
Was ist wichtig, um an der RISS-Zeitung mit-zuarbeiten?
Sylvia:
Neugier, Offenheit, keine zu hohen Erwartungen haben, auf dem Boden der Tatsachen stehen.

Roswitha:
Was macht die Einzigartigkeit des Projekts aus?
Sylvia:
Dass der Kunde in Kontakt mit dem Verkäufer tritt und zumindest zwei Sätze gewechselt wer-den: »Ich hätte gern eine Zeitung. Was kostet die?« Damit findet ein Austausch zwischen zwei Menschen statt, die sonst nichts miteinander zu tun hätten.

Roswitha:
Was motiviert dich, Zeit dafür zu investieren?
Sylvia:
Es ist eine emotionale Sache. Mich treibt an, dass es immer wieder eine Zeitung gibt – mit allem, was man damit bewegt. Und man kann mit den Artikeln auch für einzelne etwas tun.

Roswitha:
Was hat dich die ganzen Jahre durchhalten lassen?
Sylvia:
Ich denke, dass wir in Augsburg eine Straßen-zeitung brauchen. RISS ist nach wie vor ein ehrenamtliches Projekt, es gibt also nicht wie in anderen Städten auch Festanstellungen, trotz-dem ist die Zeitung professionell gemacht. Wir

haben auch eine Verantwortung gegenüber den Verkäufern und den Käufern, die auf ein neues Heft warten.

Roswitha:
Was braucht man von der Idee zur Umsetzung?
Sylvia:
Leute, die mitmachen!

Roswitha:
Wen oder was habt ihr bisher unterstützt?
Sylvia:
Erst mal sollen die Verkäufer – oft, aber nicht immer Obdachlose – etwas davon haben. Es ist ein Zubrot für sie. Wenn ein Überschuss da ist, dann wird der zu gleichen Teilen an die Wärmestube vom SKM und an »Tür an Tür« gespendet.

Roswitha:
Verfolgt ihr die Schicksale der Betroffenen langfristig?
Sylvia:
Wenn möglich ja, den Kontakt haben die Sozialarbeiter der Wärmestube.

Roswitha:
Denkst du, dass sich das Zusammenleben in Augsburg in letzter Zeit verändert hat?

Sylvia:
Von der Vielfalt in der Stadt wird mehr sichtbar, es gibt eine größere Offenheit – auch von der Stadtpolitik her, mehr Kooperation, mehr Leuchtturmprojekte.

Roswitha:
Was hat dir das Projekt persönlich gebracht?
Sylvia:
Es gehört zu mir dazu. Ich habe viele tolle Leute kennengelernt. Es waren viele menschliche Begegnungen. Ich habe auch aus Schwierigkeiten gelernt.

Roswitha:
Was hat dir zuletzt besondere Freude bereitet?
Sylvia:
Die jüngste Zeitung, die in der Druckerei abgegeben wurde.

Straßenzeitung RISS
SKM Augsburg
Klinkertorstraße 12 | 86152 Augsburg
riss@tuerantuer.de

APFELKUCHEN

mit Platz für Bananen

100 g Butter

2 reife Bananen

125 g Zucker

3 Eier

etwas Salz

1 Pck. Vanillezucker

etwas Zitronenschale

100 g Mandeln

100 g Mehl

2 TL Backpulver

3–4 Äpfel

1. Backofen auf 190 °C vorheizen.

2. Butter, Zucker und Bananen in einer Schüssel mit dem Rührgerät schaumig rühren.

3. Eier, Salz, Vanillezucker und Zitronenschale zugeben und weiterrühren. Mehl, Mandeln und Backpulver unterrühren, sodass ein geschmeidiger Teig entsteht.

4. Eine Springform fetten und mit Semmelbröseln ausstreuen.

5. Den Teig darin verteilen.

6. Die Äpfel schälen und mindestens in Achtel schneiden, größere Äpfel auch noch schmäler.

7. Apfelstücke am Rand der Springform entlang kreisförmig auslegen und leicht in den Teig drücken.

8. Den Kuchen auf der mittleren Schiene des Backofens ca. 45 Minuten lang backen.

Ideal für zwei überreife Bananen,
die sonst schlecht werden.

AUGSBURG KOCHT TEAM

Roswitha Kugelmann

... darf seit vielen Jahren ihre Träume leben und dabei glücklich sein. Ihren wunderbaren Kindern kann sie nicht nur mit dem Verein, der contact-Dorf-Idee und den Machern, die im Buch porträtiert sind, vorleben, dass ganz viel positive Veränderung möglich ist, wenn man sich traut anzupacken und Ideen Wirklichkeit werden zu lassen.

Ann-Kathrin Glania-Bunea

... ist eine Politikwissenschaftlerin mit einer sozialen Ader; zu contact in Augsburg gestoßen und geblieben. Seit mehreren Jahren ist sie dabei, mit Roswitha Ideen wie das contact-Dorf, das Kochbuch ... umzusetzen. Seit sie auf dem Weg zu den Initiativen kreuz und quer durch Augsburg geschleppt wurde, hat sie interessante Teile der Stadt gesehen und wunderbare Menschen getroffen.

Initiatorin & mutige Visionärin

Mitautorin & Weggefährtin

Das Team verbrachte endlose Tage und Nächte hinter der Kamera, vor Computern, neben Aufnahmegeräten und Aufzeichnungen. Organisiert, unzählige E-Mails hin- und hergeschickt, fotografiert, redigiert, Rezepte nachgekocht und sich die Finger wund geschrieben haben ...

Marina Grimme

... ist die Kommunikations-
designerin in unserem Team.
Bei ihr laufen alle Fäden
zusammen. Sie entwirft,
layoutet und spationiert und
vermittelt, was das Zeug hält.
Das Konzept von »Augsburg
kocht« hat sie sofort angesprochen, denn die Kombina-
tion von Sozialem und Essen
ist einfach eine gute Idee!

Eda Zeh

... widmet sich mit Hingabe
und Einfühlungsvermögen
den ihr gestellten Aufgaben.
Menschen und Beweggründe
kennenzulernen waren für
sie während der gemeinsa-
men Arbeit genauso wichtig
wie gute Laune verbreiten und
Spaß haben.

Thomas Lecheler

... ist durch die Kooperation
mit Eda zu dem Buch ge-
kommen und überzeugte mit
seinem unglaublichen Talent.
Seine smarte Art lässt die
Menschen die Scheu vor der
Kamera verlieren. Er konnte
dabei hinter die Kulissen
schauen, ein soziales Projekt
unterstützen und eine andere
Seite von Augsburg kennenlernen.

Gestalterin mit Überblick

Food-Fotografin & Organisationstalent

Passionierter People-Fotograf

SCHOKO-ORANGEN-EIS

4 Eier
150 g Schokolade
250 ml Sahne
4 Bio-Orangen

1. Ein Ei und drei Eigelb fünf Minuten schaumig rühren.
2. Die Schokolade im Wasserbad erhitzen und kurz abkühlen lassen.
3. Anschließend mit den Eiern vermischen.
4. Orangenschale von einer Bio-Orange dazureiben.
5. Die Sahne steif schlagen.
6. Die Sahne zur Schokolade geben und unterheben.
7. Drei Orangen halbieren, das Fruchtfleisch herauslösen und das Eis in die Orangenhälften füllen. Mit Orangenstücken garnieren.
8. Für ca. 5 Stunden ins Gefrierfach legen.

VERZEICHNIS DER BETEILIGTEN

VERZEICHNIS DER REZEPTE

WIR DANKEN

Ana Lichtwer dafür, dass wir »Augsburg kocht«
nach der Idee zu »Kreuzberg kocht« realisieren durften.
Elke Thiergärtner, Benni und Hanna, die das erste Lektorat freiwillig übernommen haben.
Herrn Moratti vom Wißner-Verlag, der immer daran geglaubt hat,
dass wir Laien ein so tolles Buch auch wirklich zustande bringen werden.
Wir danken allen Portraitierten ganz herzlich für die Teilnahme,
für ihre unkomplizierte und herzliche Gastfreundschaft
und die lieben Einladungen zum Probeessen.
Wir danken dem ganzen Team von contact in Augsburg e.V.,
das uns in den letzten Monaten den Rücken freigehalten hat,
damit wir uns so viel Zeit für das Buch nehmen konnten.

Soweit von den Institutionen nicht anders vorgegeben, haben wir in diesem Buch zur besseren Lesbarkeit personenbezogene Bezeichnungen, die sich zugleich auf Frauen und Männer beziehen, generell nur in der deutschen Sprache üblichen Form aufgeführt. Dies soll jedoch keinesfalls eine Geschlechterdiskriminierung oder eine Verletzung des Gleichheitsgrundsatzes zum Ausdruck bringen.

IMPRESSUM

Bibliografische Information der Deutschen Nationalbibliothek
Die Deutsche Nationalbibliothek verzeichnet diese Publikation in der Deutschen National-
bibliografie; detaillierte bibliografische Daten sind im Internet über http://dnb.dnb.de abrufbar.

ISBN 978-3-95786-096-5
© Wißner-Verlag, Augsburg 2016 | www.wissner.com

Herausgeber: contact in Augsburg e.V., www.contact-in-augsburg.de
Layout, Satz und Covergestaltung: Marina Grimme, www.marina-grimme.de
Idee: Ana Lichtwer, Roswitha Kugelmann
Texte und Redaktion: Roswitha Kugelmann, Ann-Kathrin Glania-Bunea
Fotos: Thomas Lecheler und Eda Zeh, www.silberwald-atelier.de

Druck: Joh. Walch, Augsburg

© Coverabbildungen: Thomas Lecheler und Eda Zeh, www.silberwald-atelier.de;
 Roswitha Kugelmann, www.contact-dorf.org

AUSSERGEWÖHNLICHE IDEEN & REZEPTE